히라가나(ひらがな)

あ [a]	い [i]	う [u]	え [e]	お [o]
か [ka]	き [ki]	く [ku]	け [ke]	こ [ko]
さ [sa]	し [shi]	す [su]	せ [se]	そ [so]
た [ta]	ち [chi]	つ [tsu]	て [te]	と [to]
な [na]	に [ni]	ぬ [nu]	ね [ne]	の [no]
は [ha]	ひ [hi]	ふ [hu/fu]	へ [he]	ほ [ho]
ま [ma]	み [mi]	む [mu]	め [me]	も [mo]
や [ya]		ゆ [yu]		よ [yo]
ら [ra]	り [ri]	る [ru]	れ [re]	ろ [ro]
わ [wa]		ん [n]		を [wo]

히라가나(ひらがな)

あ [a]	い [i]	う [u]	え [e]	お [o]
か [ka]	き [ki]	く [ku]	け [ke]	こ [ko]
さ [sa]	し [shi]	す [su]	せ [se]	そ [so]
た [ta]	ち [chi]	つ [tsu]	て [te]	と [to]
な [na]	に [ni]	ぬ [nu]	ね [ne]	の [no]
は [ha]	ひ [hi]	ふ [hu/fu]	へ [he]	ほ [ho]
ま [ma]	み [mi]	む [mu]	め [me]	も [mo]
や [ya]		ゆ [yu]		よ [yo]
ら [ra]	り [ri]	る [ru]	れ [re]	ろ [ro]
わ [wa]		ん [n]		を [wo]

히라가나(ひらがな)

あ [a]	い [i]	う [u]	え [e]	お [o]
か [ka]	き [ki]	く [ku]	け [ke]	こ [ko]
さ [sa]	し [shi]	す [su]	せ [se]	そ [so]
た [ta]	ち [chi]	つ [tsu]	て [te]	と [to]
な [na]	に [ni]	ぬ [nu]	ね [ne]	の [no]
は [ha]	ひ [hi]	ふ [hu/fu]	へ [he]	ほ [ho]
ま [ma]	み [mi]	む [mu]	め [me]	も [mo]
や [ya]		ゆ [yu]		よ
ら [ra]	り [ri]	る [ru]		
わ [wa]		ん [n]		

히라가나(ひらがな)

あ [a]	い [i]	う [u]	え [e]	お [o]
か [ka]	き [ki]	く [ku]	け [ke]	こ [ko]
さ [sa]	し [shi]	す [su]	せ [se]	そ [so]
た [ta]	ち [chi]	つ [tsu]	て [te]	と [to]
な [na]	に [ni]	ぬ [nu]	ね [ne]	の [no]
は [ha]	ひ [hi]	ふ [hu/fu]	へ [he]	ほ [ho]
ま [ma]	み [mi]	む [mu]	め [me]	も [mo]
や [ya]		ゆ [yu]		よ [yo]
ら [ra]	り [ri]	る [ru]	れ [re]	ろ [ro]
わ [wa]		ん [n]		を [wo]

히라가나(ひらがな)

あ [a]	い [i]	う [u]	え [e]	お [o]
か [ka]	き [ki]	く [ku]	け [ke]	こ [ko]
さ [sa]	し [shi]	す [su]	せ [se]	そ [so]
た [ta]	ち [chi]	つ [tsu]	て [te]	と [to]
な [na]	に [ni]	ぬ [nu]	ね [ne]	の [no]
は [ha]	ひ [hi]	ふ [hu/fu]	へ [he]	ほ [ho]
ま [ma]	み [mi]	む [mu]	め [me]	も [mo]
や [ya]		ゆ [yu]		よ [yo]
ら [ra]	り [ri]	る [ru]	れ [re]	ろ [ro]
わ [wa]		ん [n]		を [wo]

히라가나(ひらがな)

あ [a]	い [i]	う [u]		
か [ka]	き [ki]	く [ku]		
さ [sa]	し [shi]	す [su]		
た [ta]	ち [chi]	つ [tsu]	て [te]	と [to]
な [na]	に [ni]	ぬ [nu]	ね [ne]	の [no]
は [ha]	ひ [hi]	ふ [hu/fu]	へ [he]	ほ [ho]
ま [ma]	み [mi]	む [mu]	め [me]	も [mo]
や [ya]		ゆ [yu]		よ [yo]
ら [ra]	り [ri]	る [ru]	れ [re]	ろ [ro]
わ [wa]		ん [n]		を [wo]

가타카나(カタカナ)

ア [a]	イ [i]	ウ [u]	エ [e]	オ [o]
カ [ka]	キ [ki]	ク [ku]	ケ [ke]	コ [ko]
サ [sa]	シ [shi]	ス [su]	セ [se]	ソ [so]
タ [ta]	チ [chi]	ツ [tsu]	テ [te]	ト [to]
ナ [na]	ニ [ni]	ヌ [nu]	ネ [ne]	ノ [no]
ハ [ha]	ヒ [hi]	フ [hu/fu]	ヘ [he]	ホ [ho]
マ [ma]	ミ [mi]	ム [mu]	メ [me]	モ [mo]
ヤ [ya]		ユ [yu]		ヨ [yo]
ラ [ra]	リ [ri]	ル [ru]	レ [re]	ロ [ro]
ワ [wa]		ン [n]		ヲ [wo]

가타카나(カタカナ)

ア [a]	イ [i]	ウ [u]	エ [e]	オ [o]
カ [ka]	キ [ki]	ク [ku]	ケ [ke]	コ [ko]
サ [sa]	シ [shi]	ス [su]	セ [se]	ソ [so]
タ [ta]	チ [chi]	ツ [tsu]	テ [te]	ト [to]
ナ [na]	ニ [ni]	ヌ [nu]	ネ [ne]	ノ [no]
ハ [ha]	ヒ [hi]	フ [hu/fu]	ヘ [he]	ホ [ho]
マ [ma]	ミ [mi]	ム [mu]	メ [me]	モ [mo]
ヤ [ya]		ユ [yu]		ヨ [yo]
ラ [ra]	リ [ri]	ル [ru]	レ [re]	ロ [ro]
ワ [wa]		ン [n]		ヲ [wo]

가타카나(カタカナ)

ア [a]	イ [i]	ウ [u]	エ [e]	オ [o]
カ [ka]	キ [ki]	ク [ku]	ケ [ke]	コ [ko]
サ [sa]	シ [shi]	ス [su]	セ [se]	ソ [so]
タ [ta]	チ [chi]	ツ [tsu]	テ [te]	ト [to]
ナ [na]	ニ [ni]	ヌ [nu]	ネ [ne]	ノ [no]
ハ [ha]	ヒ [hi]	フ [hu/fu]	ヘ [he]	ホ [ho]
マ [ma]	ミ [mi]	ム [mu]	メ [me]	モ [mo]
ヤ [ya]		ユ [yu]		ヨ [yo]
ラ [ra]	リ [ri]	ル [ru]	レ [re]	ロ [ro]
ワ [wa]		ン [n]		ヲ [wo]

가타카나(カタカナ)

ア [a]	イ [i]	ウ [u]	エ [e]	オ [o]
カ [ka]	キ [ki]	ク [ku]	ケ [ke]	コ [ko]
サ [sa]	シ [shi]	ス [su]	セ [se]	ソ [so]
タ [ta]	チ [chi]	ツ [tsu]	テ [te]	ト [to]
ナ [na]	ニ [ni]	ヌ [nu]	ネ [ne]	ノ [no]
ハ [ha]	ヒ [hi]	フ [hu/fu]	ヘ [he]	ホ [ho]
マ [ma]	ミ [mi]	ム [mu]	メ [me]	モ [mo]
ヤ [ya]		ユ [yu]		ヨ [yo]
ラ [ra]	リ [ri]	ル [ru]	レ [re]	ロ [ro]
ワ [wa]		ン [n]		ヲ [wo]

가타카나(カタカナ)

ア [a]	イ [i]	ウ [u]	エ [e]	オ [o]
カ [ka]	キ [ki]	ク [ku]	ケ [ke]	コ [ko]
サ [sa]	シ [shi]	ス [su]	セ [se]	ソ [so]
タ [ta]	チ [chi]	ツ [tsu]	テ [te]	ト [to]
ナ [na]	ニ [ni]	ヌ [nu]	ネ [ne]	ノ [no]
ハ [ha]	ヒ [hi]	フ [hu/fu]	ヘ [he]	ホ [ho]
マ [ma]	ミ [mi]	ム [mu]	メ [me]	モ [mo]
ヤ [ya]		ユ [yu]		ヨ [yo]
ラ [ra]	リ [ri]	ル [ru]	レ [re]	ロ [ro]
ワ [wa]		ン [n]		ヲ [wo]

가타카나(カタカナ)

ア [a]	イ [i]	ウ [u]	エ [e]	オ [o]
カ [ka]	キ [ki]	ク [ku]	ケ [ke]	コ [ko]
サ [sa]	シ [shi]	ス [su]	セ [se]	ソ [so]
タ [ta]	チ [chi]	ツ [tsu]	テ [te]	ト [to]
ナ [na]	ニ [ni]	ヌ [nu]	ネ [ne]	ノ [no]
ハ [ha]	ヒ [hi]	フ [hu/fu]	ヘ [he]	ホ [ho]
マ [ma]	ミ [mi]	ム [mu]	メ [me]	モ [mo]
ヤ [ya]		ユ [yu]		ヨ [yo]
ラ [ra]	リ [ri]	ル [ru]	レ [re]	ロ [ro]
ワ [wa]		ン [n]		ヲ [wo]

쉽고
간단하게
배우는

YBM
初간단
일본어 ①

YBM 홀딩스

쉽고 간단하게 배우는 YBM

초간단 일본어 ❶

발행인 민선식
펴낸곳 와이비엠홀딩스

저자 YBM 일본어연구소
기획 고성희
마케팅 정연철, 박천산, 고영노, 박찬경, 김동진, 김윤하
디자인 이미화, 박성희
일러스트 민들레

초판 인쇄 2020년 2월 3일
초판 발행 2020년 2월 10일

신고일자 2012년 4월 12일
신고번호 제2012-000060호
주소 서울시 종로구 종로 104
전화 (02)2000-0154
팩스 (02)2271-0172
홈페이지 www.ybmbooks.com

ISBN 978-89-6348-170-8

머리말

일본어는 우리에게 있어 여러 의미에서 익숙한 언어라고 할 수 있습니다. "일본어 한번쯤 시작해 보지 않은 사람이 어디 있어?"라는 말을 할 정도니까요. 하지만 실상 올바른 일본어를 구사할 줄 아는 사람은 별로 많지 않습니다.

일본어 공부가 용두사미로 끝나는 이유는 여러 가지가 있겠지만, 가장 큰 이유는 오래 지속적으로 공부하기 쉽지 않다는 것, 그리고 기초를 다지지 않고 수박 겉핥기 식으로 공부를 하기 때문일 것입니다.

일본어를 배우는 목적이 무엇이든, 기초를 확실히 다지지 않고서는 습득하기 어렵습니다. 그래서 이 책에서는 간과하기 쉬운 기초적인 부분들을 놓치지 않도록 꼼꼼하게 살피고, 재미있게 여러 번 복습할 수 있도록 만들었습니다.

또한 일상회화는 물론 시험까지 대비할 수 있도록 핵심 표현만을 엄선하여 실었으므로, 반복해서 학습하시기 바랍니다.

이 책의 특징은 한 과당 학습해야 할 표현을 4개로 제한하여 학습자의 부담을 줄였고, 각 과의 코너를 회화, 포인트 문법, 패턴 연습, 듣기 훈련, 말하기 훈련으로 나눠서 핵심 표현을 여러 형태로 반복 연습할 수 있도록 구성했습니다. 특히 해당 과의 마지막에 있는 말하기 훈련은 그 과에서 학습한 내용을 최종적으로 직접 말로 연습할 수 있도록 다양한 형태로 만들었습니다. 실제로 일본 사람과 대화를 하는 것처럼 입에서 술술 나올 수 있도록 연습해 보시기 바랍니다.

외국어는 필요할 때 시작하면 늦었다는 말이 있습니다. 일본어를 취미 삼아 미리 학습해 두는 것이야말로 미래를 위한 진정한 투자라고 생각합니다. 아무쪼록 이 책이 탄탄한 일본어 실력을 쌓는 데 밑거름이 되어, 일본어라는 새로운 세계에 진입하는 길잡이가 되었으면 하는 바람입니다.

YBM 일본어연구소

이 책의 구성과 특징

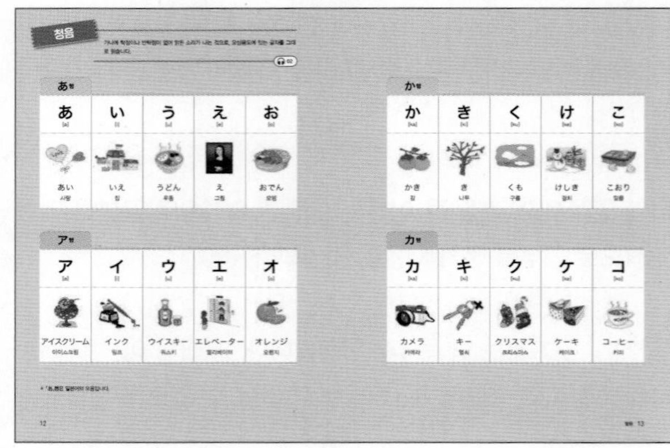

일본어 문자&발음

일본어 문자인 히라가나와 가타카나를 쓰는 순서가 표기되어 있는 쓰기노트(부록)로 쓰면서 외워 봅시다. 또한 각 글자에 해당하는 단어의 예를 수록해 발음에 대한 이해를 도왔습니다.

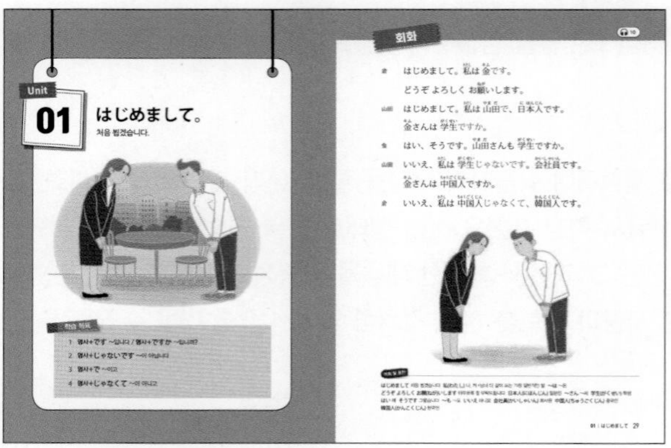

학습 목표

각 과의 핵심 표현을 실어 학습할 내용을 한눈에 파악할 수 있도록 했습니다.

회화

핵심 표현을 대화문를 통해 자연스럽게 익힐 수 있도록 했습니다. 두 번 반복되는 원어민의 음성을 듣고 따라 읽으면 좋은 학습 성과를 얻을 수 있습니다.

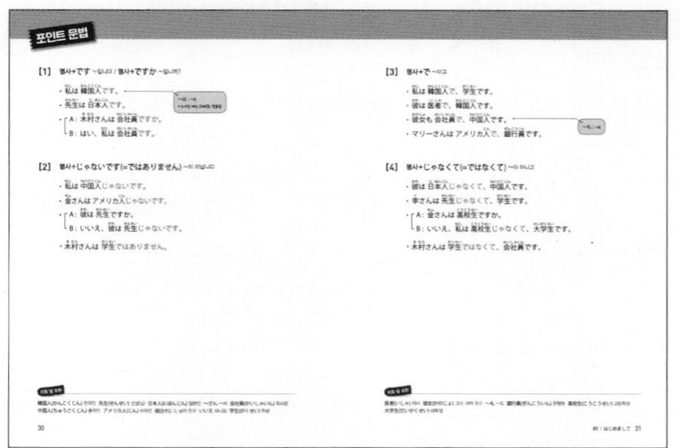

포인트 문법

핵심 표현을 주요 예문과 함께 실어 올바른 쓰임을 확실히 익힐 수 있도록 했습니다.

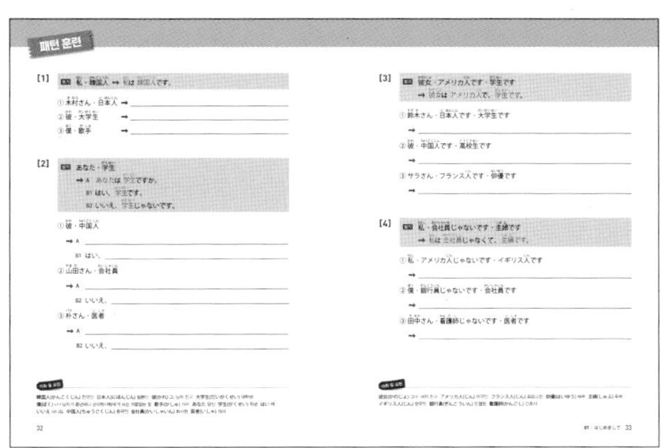

패턴 훈련

다양한 유형의 문제를 통해 핵심 표현을 완벽히 습득할 수 있도록 했습니다. 문장을 완성하면서 학습 성과를 체크해 봅시다.

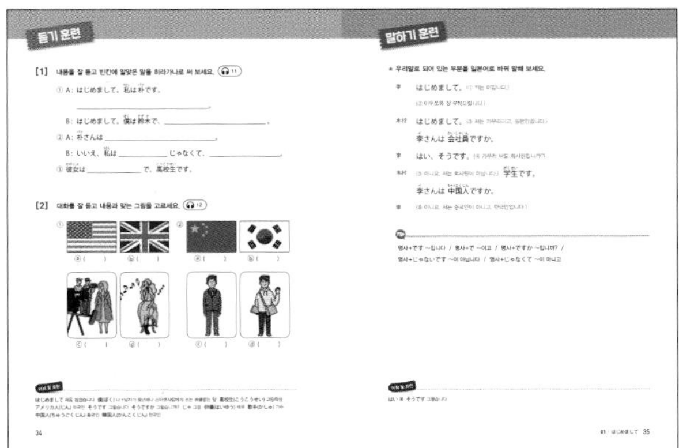

듣기 훈련

핵심 표현을 제대로 이해하고 습득했는지 체크하는 코너입니다. 내용을 잘 듣고 문제를 풀면서 듣기 능력을 키워 봅시다.

말하기 훈련

습득한 핵심 표현을 토대로 말을 할 수 있도록 만든 코너입니다. 실제로 일본 사람과 대화를 하듯 입에서 술술 나올 수 있도록 연습합시다.

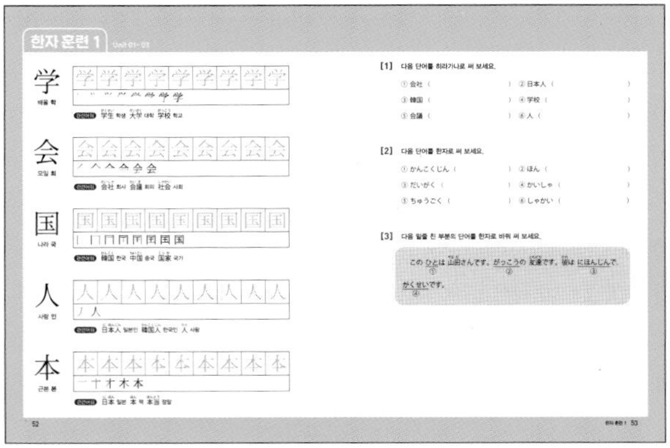

한자 훈련

3개의 과가 끝날 때마다 초급자가 익혀야 할 주요 한자만을 엄선하여 실었습니다. 한자와 관련어휘를 익힌 후 문제를 풀면서 제대로 익혔는지 점검해 보도록 합시다.

목차

일본어 문자&발음 인사말

문자

일본어 문자는 '가나(かな)'라고 합니다. '가나(かな)'는 '히라가나(ひらがな)'와 '가타카나(カタカナ)'라는 두 종류의 문자로 구성되어 있습니다.

1. 히라가나(ひらがな)
   모든 인쇄와 필기에 사용되는 기본적인 문자입니다.

2. 가타카나(カタカナ)
   주로 외래어나 의성어, 의태어를 표기하거나 강조하고자 할 때 씁니다. 지금은 방송이나 신문, 잡지 등에서 그 사용 빈도가 점점 증가하고 있습니다.

인사말

일상생활에서 가장 많이 쓰는 것이 인사말입니다. 평소에 자주 사용하여 자연스럽게 말할 수 있도록 합시다.

오십음도

히라가나와 가타카나를 5단('세로줄'을 '단'이라고 부름) 10행('가로줄'을 '행'이라고 부름)으로 배열한 것을 '오십음도'(五十音図)라고 합니다.

01

[히라가나(ひらがな)]

	あ단	い단	う단	え단	お단
あ행	あ [a]	い [i]	う [u]	え [e]	お [o]
か행	か [ka]	き [ki]	く [ku]	け [ke]	こ [ko]
さ행	さ [sa]	し [shi]	す [su]	せ [se]	そ [so]
た행	た [ta]	ち [chi]	つ [tsu]	て [te]	と [to]
な행	な [na]	に [ni]	ぬ [nu]	ね [ne]	の [no]
は행	は [ha]	ひ [hi]	ふ [hu/fu]	へ [he]	ほ [ho]
ま행	ま [ma]	み [mi]	む [mu]	め [me]	も [mo]
や행	や [ya]		ゆ [yu]		よ [yo]
ら행	ら [ra]	り [ri]	る [ru]	れ [re]	ろ [ro]
わ행	わ [wa]				を [wo]
			ん [n]		

[가타카나(カタカナ)]

행 \ 단	ア단	イ단	ウ단	エ단	オ단
ア행	ア [a]	イ [i]	ウ [u]	エ [e]	オ [o]
カ행	カ [ka]	キ [ki]	ク [ku]	ケ [ke]	コ [ko]
サ행	サ [sa]	シ [shi]	ス [su]	セ [se]	ソ [so]
タ행	タ [ta]	チ [chi]	ツ [tsu]	テ [te]	ト [to]
ナ행	ナ [na]	ニ [ni]	ヌ [nu]	ネ [ne]	ノ [no]
ハ행	ハ [ha]	ヒ [hi]	フ [hu/fu]	ヘ [he]	ホ [ho]
マ행	マ [ma]	ミ [mi]	ム [mu]	メ [me]	モ [mo]
ヤ행	ヤ [ya]		ユ [yu]		ヨ [yo]
ラ행	ラ [ra]	リ [ri]	ル [ru]	レ [re]	ロ [ro]
ワ행	ワ [wa]				ヲ [wo]
			ン [n]		

청음

가나에 탁점이나 반탁점이 없어 맑은 소리가 나는 것으로, 오십음도에 있는 글자를 그대로 읽습니다.

あ행

あ	い	う	え	お
[a]	[i]	[u]	[e]	[o]
あい	いえ	うどん	え	おでん
사랑	집	우동	그림	오뎅

ア행

ア	イ	ウ	エ	オ
[a]	[i]	[u]	[e]	[o]
アイスクリーム	インク	ウイスキー	エレベーター	オレンジ
아이스크림	잉크	위스키	엘리베이터	오렌지

★「あ」행은 일본어의 모음입니다.

か행

か	き	く	け	こ
[ka]	[ki]	[ku]	[ke]	[ko]
かき	き	くも	けしき	こおり
감	나무	구름	경치	얼음

カ행

カ	キ	ク	ケ	コ
[ka]	[ki]	[ku]	[ke]	[ko]
カメラ	キー	クリスマス	ケーキ	コーヒー
카메라	열쇠	크리스마스	케이크	커피

さ행

さ	し	す	せ	そ
[sa]	[shi]	[su]	[se]	[so]
さくら	しか	すし	せんぷうき	そら
벚꽃	사슴	초밥	선풍기	하늘

サ행

サ	シ	ス	セ	ソ
[sa]	[shi]	[su]	[se]	[so]
サラダ	シーソー	スキー	セーター	ソファー
샐러드	시소	스키	스웨터	소파

た행

た	ち	つ	て	と
[ta]	[chi]	[tsu]	[te]	[to]
たいよう	ちきゅう	つき	てがみ	とけい
태양	지구	달	편지	시계

タ행

タ	チ	ツ	テ	ト
[ta]	[chi]	[tsu]	[te]	[to]
タクシー	チーズ	ツナ	テレビ	トマト
택시	치즈	참치	텔레비전, TV	토마토

な행

な	に	ぬ	ね	の
[na]	[ni]	[nu]	[ne]	[no]
なつ 여름	にじ 무지개	いぬ 개	ねこ 고양이	のり 김

ナ행

ナ	ニ	ヌ	ネ	ノ
[na]	[ni]	[nu]	[ne]	[no]
ナイフ 나이프	テニス 테니스	カヌー 카누	ネクタイ 넥타이	ノート 노트

は행

は	ひ	ふ	へ	ほ
[ha]	[hi]	[hu/fu]	[he]	[ho]
はな	ひ	ふく	へび	ほし
꽃	불	옷	뱀	별

ハ행

ハ	ヒ	フ	ヘ	ホ
[ha]	[hi]	[hu/fu]	[he]	[ho]
ハンドバッグ	ヒーター	フルーツ	ヘッドホン	ホテル
핸드백	히터	과일	헤드폰	호텔

ま행

まm[ma]	み[mi]	む[mu]	め[me]	も[mo]
まど 창문	みみ 귀	むし 벌레	め 눈	もも 복숭아

マ행

マ[ma]	ミ[mi]	ム[mu]	メ[me]	モ[mo]
マヨネーズ 마요네즈	ミルク 우유	ムービー 영화	メロン 멜론	モニター 모니터

や행

や	ゆ	よ
[ya]	[yu]	[yo]
やま	ゆびわ	よる
산	반지	밤

ヤ행

ヤ	ユ	ヨ
[ya]	[yu]	[yo]
イヤリング	ユニホーム	ヨット
귀고리	유니폼	요트

★「や」행은 일본어의 반모음입니다.

ら 행

ら	り	る	れ	ろ
[ra]	[ri]	[ru]	[re]	[ro]
らっぱ	りんご	ひるね	れいぞうこ	ろうそく
나팔	사과	낮잠	냉장고	양초

ラ 행

ラ	リ	ル	レ	ロ
[ra]	[ri]	[ru]	[re]	[ro]
ライター	リボン	ルビー	レモン	ロールケーキ
라이터	리본	루비	레몬	롤케이크

わ행 · ん행

わ [wa]	を [wo]	ん [n]
 わに 악어		 かびん 꽃병

ワ행 · ン행

ワ [wa]	ヲ [wo]	ン [n]
 ワイン 와인		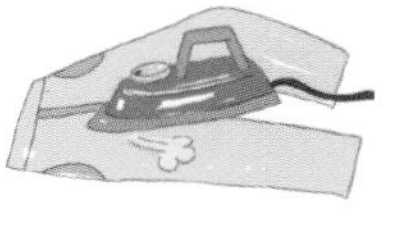 アイロン 다리미

★「を」는 목적격 조사 '~을'로만 쓰입니다.

★「ん」은 우리말의 받침과 같은 역할을 하며, 단어의 첫머리에는 오지 않습니다. (p.23 발음편 참조)

탁음

「か、さ、た、は」행 글자의 오른쪽 위에 탁점(˝)을 붙인 것으로, 성대를 울려서 발음합니다.

03

が행	が [ga]	ぎ [gi]	ぐ [gu]	げ [ge]	ご [go]
ざ행	ざ [za]	じ [zi]	ず [zu]	ぜ [ze]	ぞ [zo]
だ행	だ [da]	ぢ [zi]	づ [zu]	で [de]	ど [do]
ば행	ば [ba]	び [bi]	ぶ [bu]	べ [be]	ぼ [bo]
ガ행	ガ [ga]	ギ [gi]	グ [gu]	ゲ [ge]	ゴ [go]
ザ행	ザ [za]	ジ [zi]	ズ [zu]	ゼ [ze]	ゾ [zo]
ダ행	ダ [da]	ヂ [zi]	ヅ [zu]	デ [de]	ド [do]
バ행	バ [ba]	ビ [bi]	ブ [bu]	ベ [be]	ボ [bo]

예 がいこく 외국　ぎむ 의무　かぐ 가구　じこ 사고

からだ 몸　はなぢ 코피　ばら 장미　ゆび 손가락

ガス 가스　ジーンズ 청바지　ダンス 댄스, 춤　ビニール 비닐

반탁음

「は」행 글자의 오른쪽 위에 반탁점(°)을 붙인 것입니다.

04

ぱ행	ぱ [pa]	ぴ [pi]	ぷ [pu]	ぺ [pe]	ぽ [po]
パ행	パ [pa]	ピ [pi]	プ [pu]	ペ [pe]	ポ [po]

예 いっぱい 한 잔, 가득　えんぴつ 연필　きっぷ 표　いっぽ 한 걸음

パン 빵　ピザ 피자　プレゼント 선물　ポスト 우체통

발음

「ん」은 우리말 받침과 같이 단어 첫머리에는 오지 않으며, 뒤에 오는 음에 따라 [m, n, ŋ, N]으로 발음이 달라집니다. 받침과 비슷한 역할을 하지만 한 박자로 발음합니다.

1. 「ま、ば、ぱ」행 앞에서는 [m]으로 발음됩니다.

   예 あんま[amma] 안마　しんぶん[simbuN] 신문　かんぱい[kampai] 건배

2. 「さ、ざ、た、だ、な、ら」행 앞에서는 [n]으로 발음됩니다.

   예 かんじ[kanzi] 한자　みんな[minna] 모두　べんり[benri] 편리

3. 「か、が」행 앞에서는 [ŋ]으로 발음됩니다.

   예 さんか[saŋka] 참가　にほんご[nihoŋgo] 일본어　たんご[taŋgo] 단어

4. 모음과 「は、や、わ」행 앞, 단어 끝에서는 [N]으로 발음됩니다.

   예 れんあい[reNai] 연애　でんわ[deNwa] 전화　ほん[hoN] 책

요음

「き、ぎ、し、じ、ち、に、ひ、び、ぴ、み、り」 글자 뒤에 반모음 「や、ゆ、よ」를 붙여 표기한 것으로, 한 박자로 발음합니다.

06

きゃ [kya]	きゅ [kyu]	きょ [kyo]	キャ [kya]	キュ [kyu]	キョ [kyo]
ぎゃ [gya]	ぎゅ [gyu]	ぎょ [gyo]	ギャ [gya]	ギュ [gyu]	ギョ [gyo]
しゃ [sha]	しゅ [shu]	しょ [sho]	シャ [sha]	シュ [shu]	ショ [sho]
じゃ [zya]	じゅ [zyu]	じょ [zyo]	ジャ [zya]	ジュ [zyu]	ジョ [zyo]
ちゃ [cha]	ちゅ [chu]	ちょ [cho]	チャ [cha]	チュ [chu]	チョ [cho]
にゃ [nya]	にゅ [nyu]	にょ [nyo]	ニャ [nya]	ニュ [nyu]	ニョ [nyo]
ひゃ [hya]	ひゅ [hyu]	ひょ [hyo]	ヒャ [hya]	ヒュ [hyu]	ヒョ [hyo]
びゃ [bya]	びゅ [byu]	びょ [byo]	ビャ [bya]	ビュ [byu]	ビョ [byo]
ぴゃ [pya]	ぴゅ [pyu]	ぴょ [pyo]	ピャ [pya]	ピュ [pyu]	ピョ [pyo]
みゃ [mya]	みゅ [myu]	みょ [myo]	ミャ [mya]	ミュ [myu]	ミョ [myo]
りゃ [rya]	りゅ [ryu]	りょ [ryo]	リャ [rya]	リュ [ryu]	リョ [ryo]

예 きゃく 손님　ぎゅうにゅう 우유　いしゃ 의사　しゅみ 취미

しゃちょう 사장　ひゃく 백, 100　みゃく 맥박　りょこう 여행

キャラメル 캐러멜　シャープ 샤프(펜슬)　ニュース 뉴스　ヒューズ 퓨즈

촉음

「か、さ、た、ぱ」행 앞에 작게 쓰는 촉음 「っ」는 우리말의 받침과 같은 역할을 합니다. 하지만 우리말 받침과 달리 한 박자로 발음해야 합니다. 또한 촉음은 바로 뒤에 오는 음에 따라 [k, s, t, p]로 발음이 달라집니다.

07

1. 「か」행 앞에서는 [k]로 발음됩니다. 예 がっこう[gakkou] 학교
2. 「さ」행 앞에서는 [s]로 발음됩니다. 예 けっせき[kesseki] 결석
3. 「た」행 앞에서는 [t]로 발음됩니다. 예 きって[kitte] 우표
4. 「ぱ」행 앞에서는 [p]로 발음됩니다. 예 きっぷ[kippu] 표

장음

「あ、い、う、え、お」단 뒤에 「あ、い、う、え、お」가 올 때 앞의 발음을 두 박자로 길게 발음하는 것을 장음이라고 합니다.

1. 「あ」단 뒤에 「あ」가 올 때 예 おかあさん[oka:saN] 어머니
2. 「い」단 뒤에 「い」가 올 때 예 おにいさん[oni:saN] 형, 오빠
3. 「う」단 뒤에 「う」가 올 때 예 くうき[ku:ki] 공기
4. 「え」단 뒤에 「い」 또는 「え」가 올 때 예 せんせい[sense:] 선생님 おねえさん[one:saN] 누나, 언니
5. 「お」단 뒤에 「う」 또는 「お」가 올 때 예 こうこう[ko:ko:] 고등학교 おおい[o:i] 많다

인사말(あいさつ)

기본 인사

- おはようございます。 안녕하세요.(아침)
- こんにちは。 안녕하세요.(낮)
- こんばんは。 안녕하세요.(저녁)
- おやすみなさい。 안녕히 주무세요.

식사할 때

- いただきます。 잘 먹겠습니다.
- ごちそうさまでした。 잘 먹었습니다.

외출 및 귀가할 때

- いってきます。 다녀오겠습니다.
- いってらっしゃい。 다녀와, 다녀오세요.
- ただいま。 다녀왔습니다.
- おかえりなさい。 어서 와요, 잘 다녀오셨어요.

사과 및 감사할 때

- すみません。 미안합니다.
- いいえ、だいじょうぶです。 아니요, 괜찮습니다.
- どうも ありがとうございます。 대단히 감사합니다.
- どういたしまして。 천만에요.

헤어질 때

남의 집을 방문했을 때

☑ **しつれいします。** 실례합니다.

☑ **しつれいしました。** 실례했습니다.

☑ **おきを つけて。** 조심히 가세요.

직장에서 퇴근할 때

☑ **おさきに しつれいします。** 먼저 실례하겠습니다.

☑ **おつかれさまでした。** 수고하셨습니다.

방문 인사

☑ **ごめんください。** 계세요?

☑ **どうぞ、おはいりください。** 어서 들어오세요.

축하 인사

☑ **おめでとうございます。** 축하합니다.

☑ **おめでとう。** 축하해.

Unit

01 はじめまして。

처음 뵙겠습니다.

학습 목표

1 **명사+です** ~입니다 / **명사+ですか** ~입니까?

2 **명사+じゃないです** ~이 아닙니다

3 **명사+で** ~이고

4 **명사+じゃなくて** ~이 아니고

회화

金　はじめまして。私(わたし)は 金(キム)です。

どうぞ よろしく お願(ねが)いします。

山田　はじめまして。私(わたし)は 山田(やまだ)で、日本人(にほんじん)です。

金(キム)さんは 学生(がくせい)ですか。

金　はい、そうです。山田(やまだ)さんも 学生(がくせい)ですか。

山田　いいえ、私(わたし)は 学生(がくせい)じゃないです。会社員(かいしゃいん)です。

金(キム)さんは 中国人(ちゅうごくじん)ですか。

金　いいえ、私(わたし)は 中国人(ちゅうごくじん)じゃなくて、韓国人(かんこくじん)です。

어휘 및 표현

はじめまして 처음 뵙겠습니다　私(わたし) 나, 저 *남녀 다 같이 쓰는 가장 일반적인 말　～は ～은
どうぞ よろしく お願(ねが)いします 아무쪼록 잘 부탁드립니다　日本人(にほんじん) 일본인　～さん ～씨　学生(がくせい) 학생
はい 예　そうです 그렇습니다　～も ～도　いいえ 아니요　会社員(かいしゃいん) 회사원　中国人(ちゅうごくじん) 중국인
韓国人(かんこくじん) 한국인

포인트 문법

[1] 명사+です ~입니다 / 명사+ですか ~입니까?

- 私(わたし)は 韓国人(かんこくじん)です。
- 先生(せんせい)は 日本人(にほんじん)です。
- A: 木村(きむら)さんは 会社員(かいしゃいん)ですか。
  B: はい、私(わたし)は 会社員(かいしゃいん)です。

~は : ~은
* 조사일 때는 [WA]로 발음함

[2] 명사+じゃないです(=ではありません) ~이 아닙니다

- 私(わたし)は 中国人(ちゅうごくじん)じゃないです。
- 金(キム)さんは アメリカ人(じん)じゃないです。
- A: 彼(かれ)は 先生(せんせい)ですか。
  B: いいえ、彼(かれ)は 先生(せんせい)じゃないです。

* 木村(きむら)さんは 学生(がくせい)ではありません。

어휘 및 표현

韓国人(かんこくじん) 한국인 先生(せんせい) 선생(님) 日本人(にほんじん) 일본인 ~さん ~씨 会社員(かいしゃいん) 회사원
中国人(ちゅうごくじん) 중국인 アメリカ人(じん) 미국인 彼(かれ) 그, 남자 친구 いいえ 아니요 学生(がくせい) 학생

[3] 명사+で ~이고

- 私(わたし)は 韓国人(かんこくじん)で、学生(がくせい)です。
- 彼(かれ)は 医者(いしゃ)で、韓国人(かんこくじん)です。
- 彼女(かのじょ)も 会社員(かいしゃいん)で、中国人(ちゅうごくじん)です。
- マリーさんは アメリカ人(じん)で、銀行員(ぎんこういん)です。

~も : ~도

[4] 명사+じゃなくて(=ではなくて) ~이 아니고

- 彼(かれ)は 日本人(にほんじん)じゃなくて、中国人(ちゅうごくじん)です。
- 李(イ)さんは 先生(せんせい)じゃなくて、学生(がくせい)です。
- A : 金(キム)さんは 高校生(こうこうせい)ですか。
  B : いいえ、私(わたし)は 高校生(こうこうせい)じゃなくて、大学生(だいがくせい)です。

* 木村(きむら)さんは 学生(がくせい)ではなくて、会社員(かいしゃいん)です。

医者(いしゃ) 의사　彼女(かのじょ) 그녀, 여자 친구　~も ~도　銀行員(ぎんこういん) 은행원　高校生(こうこうせい) 고등학생
大学生(だいがくせい) 대학생

패턴 훈련

[1]

보기 私(わたし)・韓国人(かんこくじん) ➡ 私(わたし)は韓国人(かんこくじん)です。

① 木村(きむら)さん・日本人(にほんじん) ➡ ______________________

② 彼(かれ)・大学生(だいがくせい) ➡ ______________________

③ 僕(ぼく)・歌手(かしゅ) ➡ ______________________

[2]

보기 あなた・学生(がくせい)

➡ **A** あなたは学生(がくせい)ですか。

B1 はい、学生(がくせい)です。

B2 いいえ、学生(がくせい)じゃないです。

① 彼(かれ)・中国人(ちゅうごくじん)

➡ **A** ______________________

B1 はい、______________________

② 山田(やまだ)さん・会社員(かいしゃいん)

➡ **A** ______________________

B2 いいえ、______________________

③ 朴(パク)さん・医者(いしゃ)

➡ **A** ______________________

B2 いいえ、______________________

어휘 및 표현

韓国人(かんこくじん) 한국인 日本人(にほんじん) 일본인 彼(かれ) 그, 남자 친구 大学生(だいがくせい) 대학생 僕(ぼく) 나 *남자가 동년배나 손아랫사람에게 쓰는 허물없는 말 歌手(かしゅ) 가수 あなた 당신 学生(がくせい) 학생 はい 예 いいえ 아니요 中国人(ちゅうごくじん) 중국인 会社員(かいしゃいん) 회사원 医者(いしゃ) 의사

[3]

보기 彼女・アメリカ人です・学生です
➡ 彼女はアメリカ人で、学生です。

① 鈴木さん・日本人です・大学生です

➡ ______________________

② 彼・中国人です・高校生です

➡ ______________________

③ サラさん・フランス人です・俳優です

➡ ______________________

[4]

보기 私・会社員じゃないです・主婦です
➡ 私は会社員じゃなくて、主婦です。

① 私・アメリカ人じゃないです・イギリス人です

➡ ______________________

② 僕・銀行員じゃないです・会社員です

➡ ______________________

③ 田中さん・看護師じゃないです・医者です

➡ ______________________

어휘 및 표현

彼女(かのじょ) 그녀, 여자 친구　アメリカ人(じん) 미국인　フランス人(じん) 프랑스인　俳優(はいゆう) 배우　主婦(しゅふ) 주부
イギリス人(じん) 영국인　銀行員(ぎんこういん) 은행원　看護師(かんごし) 간호사

듣기 훈련

[1] 내용을 잘 듣고 빈칸에 알맞은 말을 히라가나로 써 보세요. 11

① A: はじめまして。私(わたし)は朴(パク)です。

______________________________。

B: はじめまして。僕(ぼく)は鈴木(すずき)で、______________________________。

② A: 朴(パク)さんは______________________________。

B: いいえ、私(わたし)は__________じゃなくて、______________________________。

③ 彼女(かのじょ)は__________で、高校生(こうこうせい)です。

[2] 대화를 잘 듣고 내용과 맞는 그림을 고르세요. 12

어휘 및 표현

はじめまして 처음 뵙겠습니다 僕(ぼく) 나 *남자가 동년배나 손아랫사람에게 쓰는 허물없는 말 高校生(こうこうせい) 고등학생 アメリカ人(じん) 미국인 そうです 그렇습니다 そうですか 그렇습니까? じゃ 그럼 俳優(はいゆう) 배우 歌手(かしゅ) 가수 中国人(ちゅうごくじん) 중국인 韓国人(かんこくじん) 한국인

말하기 훈련

★ 우리말로 되어 있는 부분을 일본어로 바꿔 말해 보세요.

李　はじめまして。(① 저는 이입니다.)

(② 아무쪼록 잘 부탁드립니다.)

木村　はじめまして。(③ 저는 기무라이고, 일본인입니다.)

李(イ)さんは 会社員(かいしゃいん)ですか。

李　はい、そうです。(④ 기무라 씨도 회사원입니까?)

木村　(⑤ 아니요, 저는 회사원이 아닙니다.) 学生(がくせい)です。

李(イ)さんは 中国人(ちゅうごくじん)ですか。

李　(⑥ 아니요, 저는 중국인이 아니고, 한국인입니다.)

명사+です ~입니다 / 명사+で ~이고 / 명사+ですか ~입니까? /
명사+じゃないです ~이 아닙니다 / 명사+じゃなくて ~이 아니고

어휘 및 표현

はい 예　そうです 그렇습니다

Unit

02 ここは どこですか。

여기는 어디입니까?

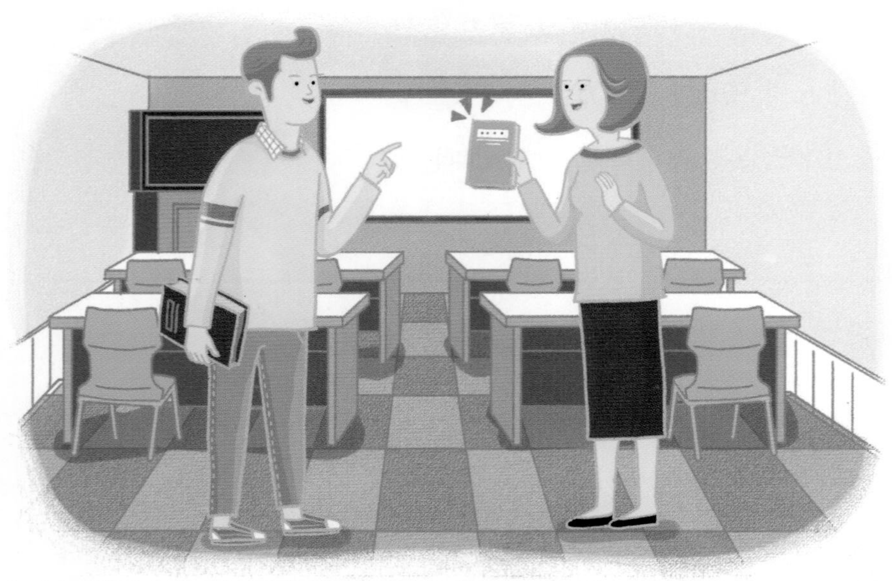

학습 목표

1 こ、そ、あ、ど 이, 그, 저, 어느

2 ～の ①～의, ②～의 것

3 ～ですが、～ですけど ～입니다만

4 ～は 何(なん)ですか ～은 무엇입니까?

회화

金　すみません。ここは どこですか。

中村　ここは「にこにこ日本語教室(にほんごきょうしつ)」です。

金　すみませんが、この 教室(きょうしつ)の 先生(せんせい)は 日本人(にほんじん)ですか。

中村　初級(しょきゅう)は 韓国(かんこく)の 先生(せんせい)ですが、中級(ちゅうきゅう)は 日本(にほん)の 先生(せんせい)です。

金　あ、そうですか。それは 何(なん)ですか。

中村　これですか。これは 日本語(にほんご)の 本(ほん)です。

よかったら、どうぞ。

어휘 및 표현

すみません 실례합니다, 죄송합니다　ここ 이곳, 여기　どこ 어디　にこにこ 니코니코, 싱글벙글　日本語(にほんご) 일본어
教室(きょうしつ) (기술 등을 가르치는) 교실　～が ～이지만　この 이　～の ～의　先生(せんせい) 선생(님)　初級(しょきゅう) 초급
韓国(かんこく) 한국　中級(ちゅうきゅう) 중급　日本(にほん) 일본　それ 그것　何(なん) 무엇　これ 이것　本(ほん) 책
よかったら 괜찮다면　どうぞ 무언가를 허락하거나 권할 때 쓰는 말

포인트 문법

[1] こ、そ、あ、ど 이, 그, 저, 어느

	물건	명사 수식	방향	장소
이	これ	この+명사	こちら	ここ
그	それ	その+명사	そちら	そこ
저	あれ	あの+명사	あちら	あそこ
어느	どれ	どの+명사	どちら	どこ

- A: これは 何(なん)ですか。
  B: それは ケータイです。
- A: あれは 何(なん)ですか。
  B: あれは 本(ほん)です。
- A: 駅(えき)は どこですか。
  B: あそこです。

* A: あの 人(ひと)は 誰(だれ)ですか。
  B: サラさんです。

誰(だれ) : 누구

[2] ～の ①～의, ②～의 것

❶ **명사+の+명사** ~의

- ここは 山田(やまだ)さんの 家(いえ)じゃないです。
- あの 人(ひと)は 私(わたし)の 日本人(にほんじん)の 友達(ともだち)です。

어휘 및 표현

これ 이것 それ 그것 ケータイ 휴대전화 あれ 저것 本(ほん) 책 駅(えき) 역 どこ 어디 あそこ 저곳, 저기 あの 저 人(ひと) 사람 誰(だれ) 누구 ここ 이곳, 여기 家(いえ) 집 友達(ともだち) 친구

❷ **명사+の** ~의 것

- これは 誰(だれ)のですか。
- それは 私(わたし)のじゃないです。
- A: 私(わたし)のは どれですか。
  B: あれです。

[3] ~ですが、~ですけど ~입니다만

- 私(わたし)は 韓国人(かんこくじん)ですが、私(わたし)の 彼(かれ)は 日本人(にほんじん)です。
- これは 私(わたし)の 時計(とけい)ですけど、それは 私(わたし)のじゃないです。
- そちらは トイレじゃないですが。
- 教室(きょうしつ)は そこじゃないですけど。

[4] ~は 何(なん)ですか ~은 무엇입니까?

- A: あれは 何(なん)ですか。
  B: あれは 時計(とけい)です。
- A: お名前(なまえ)は 何(なん)ですか。
  B: 私(わたし)の 名前(なまえ)は 李(イ)です。
- A: お仕事(しごと)は 何(なん)ですか。
  B: 私(わたし)は 銀行員(ぎんこういん)です。

お : 존경·공손·친밀의 뜻을 나타냄

어휘 및 표현

~の ~의 것 どれ 어느 것 彼(かれ) 그, 남자 친구 時計(とけい) 시계 そちら 그쪽 トイレ 화장실 そこ 그곳, 거기
名前(なまえ) 이름 仕事(しごと) 일, 직업 銀行員(ぎんこういん) 은행원

패턴 훈련

[1]

보기 これ・山田(やまだ)さんの かばん

→ **A** これは 誰(だれ)のですか。

B それは 山田(やまだ)さんの かばんです。

① それ・私(わたし)の パン

→ **A** ______________________________

B これは ______________________________

② あれ・私(わたし)の 友達(ともだち)の 時計(とけい)

→ **A** ______________________________

B あれは ______________________________

[2]

보기 この 眼鏡(めがね)・私(わたし)・その 眼鏡(めがね)・あなた

→ **A** この 眼鏡(めがね)は 私(わたし)のですか。

B1 はい、その 眼鏡(めがね)は あなたのです。

B2 いいえ、その 眼鏡(めがね)は あなたのじゃないです。

① その 弁当(べんとう)・木村(きむら)さん・この 弁当(べんとう)

→ **A** ______________________________

B1 はい、______________________________

② あの 本(ほん)・先生(せんせい)・あの 本(ほん)

→ **A** ______________________________

B2 いいえ、______________________________

어휘 및 표현

かばん 가방　誰(だれ) 누구　パン 빵　友達(ともだち) 친구　時計(とけい) 시계　眼鏡(めがね) 안경　あなた 당신
弁当(べんとう) 도시락　本(ほん) 책

[3]

보기 A これは韓国(かんこく)の パソコンですか。(それは 日本(にほん)の パソコン)

B1 いいえ、それは 日本(にほん)の パソコンですが。

B2 いいえ、それは 日本(にほん)の パソコンですけど。

① A 金(キム)さんは 友達(ともだち)ですか。(私(わたし)の 彼(かれ))

B1 いいえ、________________

B2 いいえ、________________

② A この カメラは あなたのですか。(その カメラは 山田(やまだ)さんの)

B1 いいえ、________________

B2 いいえ、________________

[4]

보기 A すみません。この 韓国料理(かんこくりょうり)は 何(なん)ですか。(それは カルビ)

B それは カルビです。

① A すみません。お名前(なまえ)は 何(なん)ですか。(金(キム))

B ________________

② A すみません。山田(やまだ)さんの お仕事(しごと)は 何(なん)ですか。(会社員(かいしゃいん))

B ________________

③ A すみません。血液型(けつえきがた)は 何(なん)ですか。(B型(ビーがた))

B ________________

어휘 및 표현

パソコン (개인용) 컴퓨터　カメラ 카메라　すみません 실례합니다, 죄송합니다　料理(りょうり) 요리　カルビ 갈비　名前(なまえ) 이름　仕事(しごと) 일, 직업　会社員(かいしゃいん) 회사원　血液型(けつえきがた) 혈액형　B型(ビーがた) B형

듣기 훈련

[1] 내용을 잘 듣고 빈칸에 알맞은 말을 히라가나로 써 보세요. (14)

① A：すみません。＿＿＿＿＿＿＿＿＿＿＿＿＿＿。

B：それが あなたのです。

② ＿＿＿＿＿＿＿＿＿＿＿＿＿＿＿＿＿＿＿。英語(えいご)の 先生(せんせい)です。

③ ＿＿＿＿＿＿＿＿＿＿＿＿＿＿＿＿。よかったら、どうぞ。

[2] 대화를 잘 듣고 내용과 맞는 그림을 찾아 선으로 연결하세요. (15)

① 李(イ) ▪ ▪ ⓐ

② 先生(せんせい) ▪ ▪ ⓑ

③ 木村(きむら) ▪ ▪ ⓒ

④ 山田(やまだ) ▪ ▪ ⓓ

어휘 및 표현

あなた 당신　英語(えいご) 영어　先生(せんせい) 선생(님)　よかったら 괜찮다면　どうぞ 무언가를 허락하거나 권할 때 쓰는 말
弁当(べんとう) 도시락　おにぎり 주먹밥, 삼각김밥　それじゃ 그럼　パン 빵　コーヒー 커피

말하기 훈련

★ 우리말로 되어 있는 부분을 일본어로 바꿔 말해 보세요.

[1]

A : (① 죄송합니다만,) エレベーターは どちらですか。

B : エレベーターですか。(② 이쪽입니다.)

[2]

A : 事務所(じむしょ)は (① 여기입니까?)

B : (② 예, 여기입니다.)

[3]

A : 田中(たなか)さんは 誰(だれ)ですか。

B : (저 사람이 다나카 씨입니다.)

[4]

A : トイレは どちらですか。

B : (화장실은 저쪽입니다.)

Tip

どちら 어느 쪽 / 誰(だれ) 누구

어휘 및 표현

エレベーター 엘리베이터 事務所(じむしょ) 사무소 トイレ 화장실

Unit

03 電話番号(でんわばんごう)は 何番(なんばん)ですか。

전화번호는 몇 번입니까?

학습 목표

1 숫자 읽기① 0~100

2 ~番号(ばんごう)は 何番(なんばん)ですか ~번호는 몇 번입니까?

3 숫자 읽기② 100~10,000

4 ~ね ~네요, ~군요, ~죠?

회화

金　失礼(しつれい)ですが、山田(やまだ)さんの 電話(でんわ)番号(ばんごう)は 何番(なんばん)ですか。

山田　私(わたし)の 番号(ばんごう)は 010－1234－5678(ゼロいちゼロ の いちにさんよん の ごろくななはち)です。

金　010－1234－5678(ゼロいちゼロ の いちにさんよん の ごろくななはち)ですね。

私(わたし)の 番号(ばんごう)は 010－2718－1416(ゼロいちゼロ の にななおいちはち の いちよんいちろく)です。

会社(かいしゃ)の 住所(じゅうしょ)も お願(ねが)いします。

山田　会社(かいしゃ)の 住所(じゅうしょ)は「鍾路区(チョンノく) 鍾路(チョンノ) 835－6(はっぴゃくさんじゅうご の ろく)」です。

金　830－5(はっぴゃくさんじゅう の ご)ですか。

山田　いいえ、8(はち)、3(さん)、5(ご)の 6(ろく)です。

어휘 및 표현

失礼(しつれい)ですが 실례입니다만　電話番号(でんわばんごう) 전화번호　何番(なんばん) 몇 번　会社(かいしゃ) 회사
住所(じゅうしょ) 주소　～も ～도　お願(ねが)いします 부탁드립니다

[1] 숫자 읽기① 0~100

0	ゼロ・れい・まる	10	じゅう	20	にじゅう
1	いち	11	じゅういち	30	さんじゅう
2	に	12	じゅうに	40	よんじゅう
3	さん	13	じゅうさん	50	ごじゅう
4	よん・し・よ	14	じゅうよん・じゅうし	60	ろくじゅう
5	ご	15	じゅうご	70	ななじゅう・しちじゅう
6	ろく	16	じゅうろく	80	はちじゅう
7	なな・しち	17	じゅうなな・じゅうしち	90	きゅうじゅう
8	はち	18	じゅうはち	100	ひゃく
9	きゅう・く	19	じゅうきゅう・じゅうく		

- 15 → じゅうご
- 48 → よんじゅうはち
- 74 → ななじゅうよん
- 96 → きゅうじゅうろく

[2] ～番号(ばんごう)は 何番(なんばん)ですか ～번호는 몇 번입니까?

- A: フロントの 番号(ばんごう)は 何番(なんばん)ですか。
  B: フロントの 番号(ばんごう)は 9番(きゅうばん)です。
- A: あなたの 部屋(へや)の 番号(ばんごう)は 何番(なんばん)ですか。
  B: 私(わたし)の 部屋(へや)の 番号(ばんごう)は 501(ごまるいち)です。

어휘 및 표현

番号(ばんごう) 번호　何番(なんばん) 몇 번　フロント 프런트　～番(ばん) ～번　部屋(へや) 방

[3] 숫자 읽기② 100~10,000

100	ひゃく	1,000	せん	10,000	いちまん
200	にひゃく	2,000	にせん	20,000	にまん
300	さんびゃく	3,000	さんぜん	30,000	さんまん
400	よんひゃく	4,000	よんせん	40,000	よんまん
500	ごひゃく	5,000	ごせん	50,000	ごまん
600	ろっぴゃく	6,000	ろくせん	60,000	ろくまん
700	ななひゃく	7,000	ななせん	70,000	ななまん
800	はっぴゃく	8,000	はっせん	80,000	はちまん
900	きゅうひゃく	9,000	きゅうせん	90,000	きゅうまん

- 280 → にひゃくはちじゅう
- 352 → さんびゃくごじゅうに
- 6,850 → ろくせんはっぴゃくごじゅう
- 13,640 → いちまんさんぜんろっぴゃくよんじゅう

[4] ～ね ~네요, ~군요, ~죠?

- A: この 車(くるま)は 先生(せんせい)のですね。
  B: はい、そうです。
- A: あなたの 部屋(へや)の 番号(ばんごう)は 412(よんいちに)ですね。
  B: はい、そうです。

어휘 및 표현

車(くるま) 자동차　そうです 그렇습니다

패턴 훈련

[1]

보기 75 ➡ ななじゅうご

① 37 ➡ ____________________

② 42 ➡ ____________________

③ 54 ➡ ____________________

③ 86 ➡ ____________________

[2]

보기 A社(エーしゃ)・電話番号(でんわばんごう)・6133-4146

➡ **A** A社(エーしゃ)の 電話番号(でんわばんごう)は 何番(なんばん)ですか。

B ろくいちさんさんの よんいちよんろくです。

① 駅(えき)・電話番号(でんわばんごう)・03-3452-7611

➡ **A** ____________________

B ____________________

② 吉田(よしだ)さん・ケータイ番号(ばんごう)・090-3939-4649

➡ **A** ____________________

B ____________________

③ 朴(パク)さん・部屋(へや)の 番号(ばんごう)・608

➡ **A** ____________________

B ____________________

～社(しゃ) ～사 電話番号(でんわばんごう) 전화번호 駅(えき) 역 ケータイ 휴대전화 部屋(へや) 방

[3]

보기 1,383 ➡ せんさんびゃくはちじゅうさん

① 2 ➡ ______________
+ 10 ➡ ______________
+ 900 ➡ ______________
+ 6,000 ➡ ______________

6,912 ➡ ______________

② 6 ➡ ______________
+ 40 ➡ ______________
+ 300 ➡ ______________
+ 8,000 ➡ ______________

8,346 ➡ ______________

[4]

보기 コンビニは あちらです。
➡ コンビニは あちらですね。

① これは あなたの 部屋(へや)の 番号(ばんごう)じゃないです。

➡ ______________________________

② お久(ひさ)しぶりです。

➡ ______________________________

③ この 字(じ)が 「ひらがな」です。

➡ ______________________________

어휘 및 표현

コンビニ 편의점　あちら 저쪽　お久(ひさ)しぶりです 오랜만입니다　字(じ) 글자　ひらがな 히라가나

듣기 훈련

[1] 다음을 잘 듣고 내용과 맞는 숫자에 표시하세요. (17)

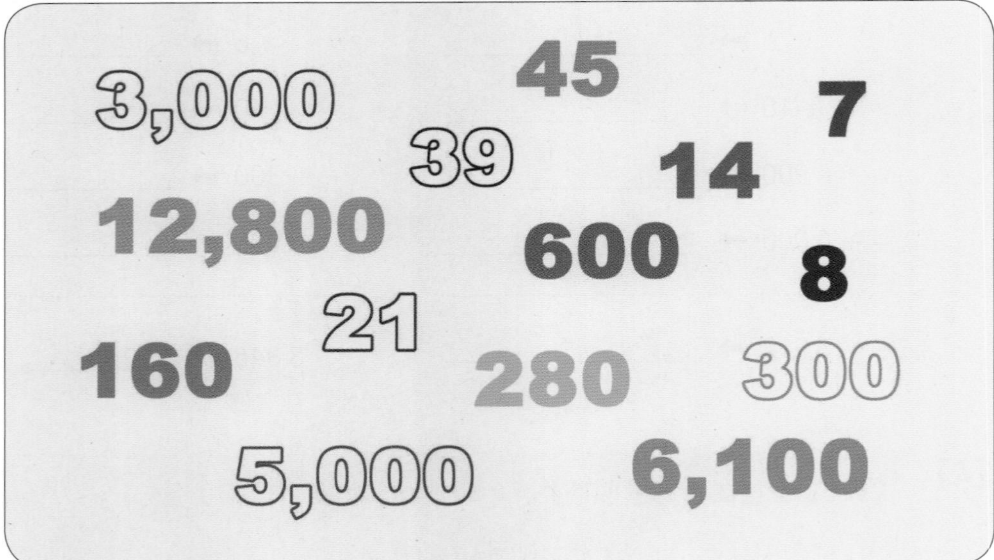

[2] 다음을 잘 듣고 그 숫자를 아라비아 숫자로 써 보세요. (18)

① ______________________________ です。

② ______________________________ です。

③ ______________________________ です。

④ ______________________________ です。

⑤ ______________________________ です。

어휘 및 표현

～です ～입니다

말하기 훈련

★ 내용을 작성한 후 보기와 같이 묻고 말해 보세요.

会員登録(かいいんとうろく)

보기 お名前(なまえ)	
E(イー)メールアドレス	＊＊＊@＊＊＊.＊＊＊
① 郵便番号(ゆうびんばんごう)	
② 住所(じゅうしょ)	
③ 電話番号(でんわばんごう)	
④ お仕事(しごと)	
⑤ お国(くに)	

보기 A お名前(なまえ)は 何(なん)ですか。

B 私(わたし)の 名前(なまえ)は ＯＯＯです。

Tip

～は 何(なん)ですか ～은 무엇입니까? / ～番号(ばんごう)は 何番(なんばん)ですか ～번호는 몇 번입니까?

어휘 및 표현

会員(かいいん) 회원 登録(とうろく) 등록 名前(なまえ) 이름 E(イー)メールアドレス 이메일 주소
郵便番号(ゆうびんばんごう) 우편번호 住所(じゅうしょ) 주소 仕事(しごと) 일, 직업 国(くに) 나라

한자 훈련 1 Unit 01~03

배울 **학**

学 学 学 学 学 学 学 学 学

관련어휘 学生(がくせい) 학생 大学(だいがく) 대학 学校(がっこう) 학교

모일 **회**

会 会 会 会 会 会 会 会 会

관련어휘 会社(かいしゃ) 회사 会議(かいぎ) 회의 社会(しゃかい) 사회

나라 **국**

国 国 国 国 国 国 国 国 国

관련어휘 韓国(かんこく) 한국 中国(ちゅうごく) 중국 国家(こっか) 국가

사람 **인**

人 人 人 人 人 人 人 人 人

丿 人

관련어휘 日本人(にほんじん) 일본인 韓国人(かんこくじん) 한국인 人(ひと) 사람

本

근본 **본**

本 本 本 本 本 本 本 本 本

一 十 才 木 本

관련어휘 日本(にほん) 일본 本(ほん) 책 本当(ほんとう) 정말

[1] 다음 단어를 히라가나로 써 보세요.

① 会社 (　　　　　　　　　　) ② 日本人 (　　　　　　　　　　)

③ 韓国 (　　　　　　　　　　) ④ 学校 (　　　　　　　　　　)

⑤ 会議 (　　　　　　　　　　) ⑥ 人 (　　　　　　　　　　)

[2] 다음 단어를 한자로 써 보세요.

① かんこくじん (　　　　　　　　　　) ② ほん (　　　　　　　　　　)

③ だいがく (　　　　　　　　　　) ④ かいしゃ (　　　　　　　　　　)

⑤ ちゅうごく (　　　　　　　　　　) ⑥ しゃかい (　　　　　　　　　　)

[3] 다음 밑줄 친 부분의 단어를 한자로 바꿔 써 보세요.

この ひと①は 山田(やまだ)さんです。がっこう②の 友達(ともだち)です。彼(かれ)は にほんじん③で、がくせい④です。

授業は 何時から 何時までですか。

수업은 몇 시부터 몇 시까지입니까?

학습 목표

1 何時ですか 몇 시입니까?

2 何分ですか 몇 분입니까?

3 ～から ～まで ～부터 ～까지

4 何曜日ですか 무슨 요일입니까?

회화

19

金　吉田(よしだ)さん、今日(きょう)の 授業(じゅぎょう)は 何時(なんじ)から 何時(なんじ)までですか。

吉田　午後(ごご) 2時(にじ) 半(はん)から 4時(よじ)までです。

金　どんな 授業(じゅぎょう)ですか。

吉田　英語(えいご)の 授業(じゅぎょう)です。

金(キム)さんの 日本語(にほんご)の 授業(じゅぎょう)は いつですか。

金　木曜日(もくようび)で、10時(じゅうじ)から 11時(じゅういちじ) 30分(さんじゅっぷん)までです。

吉田　そうですか。授業(じゅぎょう)、がんばって ください。

어휘 및 표현

今日(きょう) 오늘 授業(じゅぎょう) 수업 何時(なんじ) 몇 시 ～から ~부터 ～まで ~까지 午後(ごご) 오후 ～時(じ) ~시 半(はん) 반 どんな 어떤 英語(えいご) 영어 日本語(にほんご) 일본어 いつ 언제 木曜日(もくようび) 목요일 ～で ~이고 ～分(ふん) ~분 がんばって ください 힘내세요, 열심히 하세요

포인트 문법

[1] 何時(なんじ)ですか 몇 시입니까?

1時	いちじ	6時	ろくじ	11時	じゅういちじ
2時	にじ	7時	しちじ	12時	じゅうにじ
3時	さんじ	8時	はちじ	何時	なんじ
4時	よじ	9時	くじ		
5時	ごじ	10時	じゅうじ		

[2] 何分(なんぷん)ですか 몇 분입니까?

1分	いっぷん	8分	はっぷん	35分	さんじゅうごふん
2分	にふん	9分	きゅうふん	40分	よんじゅっぷん
3分	さんぷん	10分	じゅっぷん	45分	よんじゅうごふん
4分	よんぷん	15分	じゅうごふん	50分	ごじゅっぷん
5分	ごふん	20分	にじゅっぷん	55分	ごじゅうごふん
6分	ろっぷん	25分	にじゅうごふん	60分	ろくじゅっぷん
7分	ななふん	30分・半	さんじゅっぷん・はん	何分	なんぷん

- A : 今(いま) 何時(なんじ) 何分(なんぷん)ですか。
  B1: 午後(ごご) 4時(よじ) 50分(ごじゅっぷん)です。
  B2: 午後(ごご) 5時(ごじ) 10分(じゅっぷん) 前(まえ)です。

「10分」 단위의 경우, 「じっぷん」이라고 하기도 함

어휘 및 표현

何時(なんじ) 몇 시 何分(なんぷん) 몇 분 今(いま) 지금 午後(ごご) 오후 前(まえ) 전

[3] ～から ～まで ～부터 ～까지

- バイトは 何時(なんじ)から 何時(なんじ)までですか。
- 会議(かいぎ)は 1時(いちじ) 半(はん)からです。
- 仕事(しごと)は 6時(ろくじ)までですか。
- 映画(えいが)は 10時(じゅうじ)から 11時(じゅういちじ) 40分(よんじゅっぷん)までです。

[4] 何曜日(なんようび)ですか 무슨 요일입니까?

月曜日	げつようび	木曜日	もくようび	日曜日	にちようび
火曜日	かようび	金曜日	きんようび	何曜日	なんようび
水曜日	すいようび	土曜日	どようび		

- A: 今日(きょう)は 何曜日(なんようび)ですか。
  B: 今日(きょう)ですか。土曜日(どようび)です。
- A: 日本語(にほんご)の 授業(じゅぎょう)は 何曜日(なんようび)ですか。
  B: 日本語(にほんご)の 授業(じゅぎょう)は 月曜日(げつようび)から 金曜日(きんようび)までです。

어휘 및 표현

バイト 아르바이트 会議(かいぎ) 회의 仕事(しごと) 일, 업무 映画(えいが) 영화 何曜日(なんようび) 무슨 요일
土曜日(どようび) 토요일 日本語(にほんご) 일본어 授業(じゅぎょう) 수업 月曜日(げつようび) 월요일 金曜日(きんようび) 금요일

패턴 훈련

[1]

보기

A すみません。今、何時ですか。

B にじです。

① A すみません。今、何時ですか。

B ______________________________

② A すみません。今、何時ですか。

B ______________________________

③ A すみません。今、何時ですか。

B ______________________________

④ A すみません。今、何時ですか。

B ______________________________

⑤ A すみません。今、何時ですか。

B ______________________________

어휘 및 표현

すみません 실례합니다, 죄송합니다　今(いま) 지금　何時(なんじ) 몇 시

[2]

보기 仕事(しごと)・午前(ごぜん) 9時 ～ 午後(ごご) 6時

➡ A 仕事(しごと)は 何時(なんじ)から 何時(なんじ)までですか。

B 仕事(しごと)は 午前(ごぜん) くじから 午後(ごご) ろくじまでです。

① 映画(えいが)・午後(ごご) 7時 20分 ～ 9時 10分

➡ A ____________________

B ____________________

② デパート・午前(ごぜん) 10時 ～ 午後(ごご) 8時

➡ A ____________________

B ____________________

[3]

보기 今日(きょう)・火曜日・水曜日

➡ A 今日(きょう)は かようびですか。

B いいえ、今日(きょう)は かようびじゃなくて、すいようびです。

① 休(やす)み・金曜日まで・木曜日まで

➡ A ____________________

B いいえ、____________________

② 約束(やくそく)・土曜日の 3時・日曜日の 3時

➡ A ____________________

B いいえ、____________________

어휘 및 표현

仕事(しごと) 일, 업무 午前(ごぜん) 오전 午後(ごご) 오후 映画(えいが) 영화 デパート 백화점 今日(きょう) 오늘
休(やす)み 휴일, 쉬는 날 約束(やくそく) 약속

듣기 훈련

[1] 대화를 잘 듣고 몇 시인지 써 보세요. 20

① ______________________ です。

② ______________________ です。

③ ______________________ です。

④ ______________________ です。

[2] 대화를 잘 듣고 내용과 맞는 시간을 찾아 선으로 연결하세요. 21

① ランチタイム ▪ ▪ ⓐ 10時

② バイト ▪ ▪ ⓑ 4時 30分

③ 授業(じゅぎょう) ▪ ▪ ⓒ 午後 6時

④ テスト ▪ ▪ ⓓ 12時 半

어휘 및 표현

すみません 실례합니다, 죄송합니다 前(まえ) 전 テスト 테스트, 시험 ～から ～まで ~부터 ~까지 授業(じゅぎょう) 수업
ランチタイム 점심 시간 それじゃ 그럼 大変(たいへん)ですね 힘들겠네요, 큰일이네요 バイト 아르바이트

말하기 훈련

★ 우리말로 되어 있는 부분을 일본어로 바꿔 말해 보세요.

フロント こんばんは。「にこにこホテル」です。

(① 이름은 무엇입니까?)

朴 (② 저는 박입니다.)

チェックインは (③ 몇 시부터입니까?)

フロント (④ 오후 3시부터입니다.)

朴 チェックアウトは 11時(じゅういちじ)までですか。

フロント (⑤ 아니요, 11시까지가 아니고, 12시까지입니다.)

朴 そうですか。朝食(ちょうしょく)は 何時(なんじ)からですか。

フロント (⑥ 6시 반부터 9시 반까지입니다.)

何時(なんじ)ですか 몇 시입니까? / ～から ～부터 / ～まで ～까지

어휘 및 표현

こんばんは 안녕하세요 *저녁에 하는 인사 にこにこ 니코니코, 싱글벙글 ホテル 호텔 チェックイン 체크인 チェックアウト 체크아웃 朝食(ちょうしょく) 조식, 아침식사

山田(やまだ)さんの お誕生日(たんじょうび)は いつですか。

야마다 씨의 생일은 언제입니까?

학습 목표

1 何月(なんがつ)ですか 몇 월입니까?

2 何日(なんにち)ですか 며칠입니까?

3 **때를 나타내는 표현**

4 **명사+でした** ~이었습니다

회화

22

山田　金(キム)さん、お久(ひさ)しぶりです。

あら、その 箱(はこ)は 何(なん)ですか。

金　あ、これですか。実(じつ)は 今日(きょう) 私(わたし)の 誕生日(たんじょうび)です。

友達(ともだち)からの プレゼントです。

山田　あ、そうですか。おめでとうございます。

10月(じゅうがつ) 9日(ここのか)、「ハングルの日(ひ)」が お誕生日(たんじょうび)ですね。

金　はい、それで、私(わたし)の 誕生日(たんじょうび)は いつも 休(やす)みでした。

山田(やまだ)さんの お誕生日(たんじょうび)は いつですか。

山田　私(わたし)の 誕生日(たんじょうび)は 先週(せんしゅう)の 金曜日(きんようび)でした。

어휘 및 표현

お久(ひさ)しぶりです 오랜만입니다　あら 어머 *놀랐을 때 내는 소리로, 여성어임　その 그　箱(はこ) 상자　何(なん) 무엇　これ 이것　実(じつ)は 실은　今日(きょう) 오늘　誕生日(たんじょうび) 생일　友達(ともだち) 친구　~から ~에서, ~부터　プレゼント 프레젠트, 선물　おめでとうございます 축하합니다　ハングルの日(ひ) 한글날　それで 그래서　いつも 항상, 늘　休(やす)み 휴일, 쉬는 날　いつ 언제　先週(せんしゅう) 지난주　金曜日(きんようび) 금요일

포인트 문법

[1] 何月(なんがつ)ですか 몇 월입니까?

1月	いちがつ	6月	ろくがつ	11月	じゅういちがつ
2月	にがつ	7月	しちがつ	12月	じゅうにがつ
3月	さんがつ	8月	はちがつ	何月	なんがつ
4月	しがつ	9月	くがつ		
5月	ごがつ	10月	じゅうがつ		

[2] 何日(なんにち)ですか 며칠입니까?

1日	ついたち	12日	じゅうににち	23日	にじゅうさんにち
2日	ふつか	13日	じゅうさんにち	24日	にじゅうよっか
3日	みっか	14日	じゅうよっか	25日	にじゅうごにち
4日	よっか	15日	じゅうごにち	26日	にじゅうろくにち
5日	いつか	16日	じゅうろくにち	27日	にじゅうしちにち
6日	むいか	17日	じゅうしちにち	28日	にじゅうはちにち
7日	なのか	18日	じゅうはちにち	29日	にじゅうくにち
8日	ようか	19日	じゅうくにち	30日	さんじゅうにち
9日	ここのか	20日	はつか	31日	さんじゅういちにち
10日	とおか	21日	にじゅういちにち	何日	なんにち
11日	じゅういちにち	22日	にじゅうににち		

- A: 李(イ)さんの お誕生日(たんじょうび)は 何月(なんがつ) 何日(なんにち)ですか。
  B: 7月(しちがつ) 20日(はつか)です。

어휘 및 표현

何月(なんがつ) 몇 월 何日(なんにち) 며칠 誕生日(たんじょうび) 생일

[3] 때를 나타내는 표현

昨日(きのう) 어제	今日(きょう) 오늘	明日(あした) 내일
先週(せんしゅう) 지난주	今週(こんしゅう) 이번 주	来週(らいしゅう) 다음 주
先月(せんげつ) 지난달	今月(こんげつ) 이달	来月(らいげつ) 다음 달
去年(きょねん) 작년	今年(ことし) 올해	来年(らいねん) 내년

- 「子供(こども)の日(ひ)」は 5月(ごがつ) 5日(いつか)、明日(あした)です。
- 来週(らいしゅう)の 火曜日(かようび)は 9月(くがつ) 10日(とおか)です。
- 来月(らいげつ)は 4月(しがつ)じゃなくて、5月(ごがつ)です。
- 今年(ことし)は 2020年(にせんにじゅうねん)で、来年(らいねん)は 2021 年(にせんにじゅういちねん)です。

[4] 명사+でした ~이었습니다

- A：昨日(きのう)は 何月(なんがつ) 何日(なんにち)でしたか。
  B：昨日(きのう)は 8月(はちがつ) 2日(ふつか)でした。
- 先週(せんしゅう)の 土曜日(どようび)は 7月(しちがつ) 31 日(さんじゅういちにち)でした。
- 先月(せんげつ)は 3月(さんがつ)じゃなくて、2月(にがつ)でした。

어휘 및 표현

子供(こども)の日(ひ) 어린이날 明日(あした) 내일 来週(らいしゅう) 다음 주 火曜日(かようび) 화요일 来月(らいげつ) 다음 달 今年(ことし) 올해 ~年(ねん) ~년 来年(らいねん) 내년 昨日(きのう) 어제 先週(せんしゅう) 지난주 土曜日(どようび) 토요일 ~日(にち) ~일 先月(せんげつ) 지난달

패턴 훈련

[1]

보기 A 今日(きょう)は 何月(なんがつ) 何日(なんにち)ですか。(今日(きょう)・9/1)
B 今日(きょう)は くがつ ついたちです。

① A お誕生日(たんじょうび)は 何月(なんがつ) 何日(なんにち)ですか。(誕生日(たんじょうび)・1/17)

B ______________________________

② A「クリスマス」は いつですか。(「クリスマス」・12/25)

B ______________________________

③ A「ハングルの日(ひ)」は いつですか。(「ハングルの日(ひ)」・10/9)

B ______________________________

④ A テストは いつから いつまでですか。(テスト・月曜日から 水曜日まで)

B ______________________________

⑤ A 夏休(なつやす)みは いつから いつまでですか。(夏休(なつやす)み・7/14から 8/29まで)

B ______________________________

⑥ A 旅行(りょこう)は いつから いつまでですか。(旅行(りょこう)・10/3から 10/8まで)

B ______________________________

어휘 및 표현

今日(きょう) 오늘 誕生日(たんじょうび) 생일 クリスマス 크리스마스 いつ 언제 ハングルの日(ひ) 한글날 テスト 테스트, 시험 ～から ～부터 ～まで ～까지 夏休(なつやす)み 여름방학, 여름휴가 旅行(りょこう) 여행

[2]

9						
日	月	火	水	木	金	土
4	5	6	7 今日	8	9	10

보기 明日・何月 何日

➡ A 明日は 何月 何日ですか。

B 明日は くがつ ようかです。

① 明日・何曜日

➡ A ______________________________

B ______________________________

② 今週の 土曜日・何日

➡ A ______________________________

B ______________________________

[3]

보기 昨日・何月 何日・1月 14日

➡ A 昨日は 何月 何日でしたか。

B 昨日は いちがつ じゅうよっかでした。

① 先週の 火曜日・何日・2日

➡ A ______________________________

B ______________________________

② 先月・何月・11月

➡ A ______________________________

B ______________________________

어휘 및 표현

明日(あした) 내일 何曜日(なんようび) 무슨 요일 今週(こんしゅう) 이번 주 土曜日(どようび) 토요일 昨日(きのう) 어제 先週(せんしゅう) 지난주 火曜日(かようび) 화요일 先月(せんげつ) 지난달

듣기 훈련

[1] 다음을 잘 듣고 질문에 대한 답을 써 보세요. (23)

① 박 씨의 생일은 언제입니까?

____。

② 박 씨의 올해 생일은 무슨 요일이었습니까?

____。

③ 야마다 씨의 생일은 몇 월 며칠이고, 무슨 날입니까?

____。

[2] 다음을 잘 듣고 내용과 맞는 날짜를 달력에 직접 표시하세요. (24)

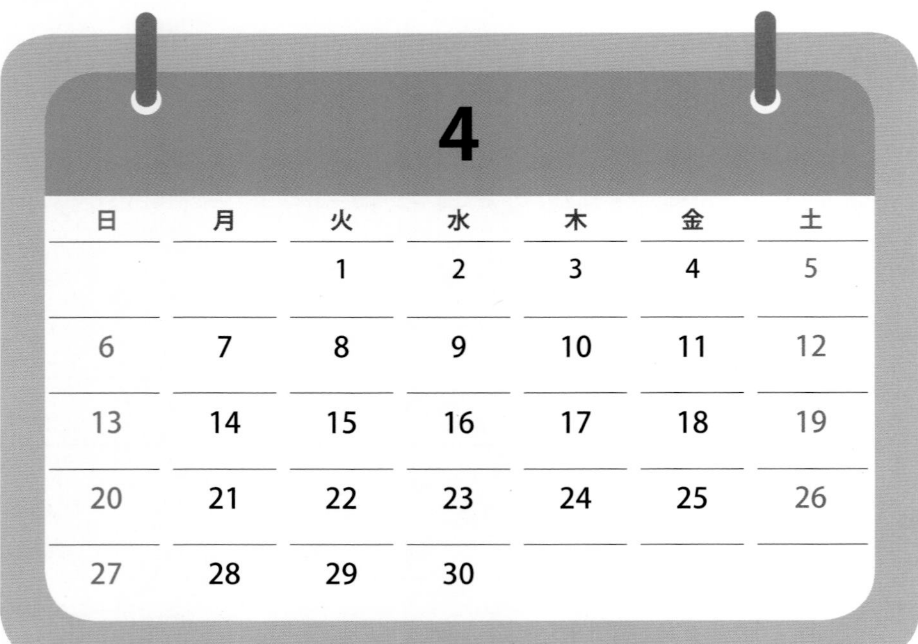

어휘 및 표현

今年(ことし) 올해 金曜日(きんようび) 금요일 友達(ともだち) 친구 水曜日(すいようび) 수요일 来週(らいしゅう) 다음 주 木曜日(もくようび) 목요일 昨日(きのう) 어제 ～から ～부터 ～まで ～까지 休(やす)み 휴일, 쉬는 날 テスト 테스트, 시험

말하기 훈련

★ 달력을 보고 보기와 같이 묻고 답해 보세요.

4

日	月	火	水	木	金	土
		1	2	3	4	5
6	7	8	9	10	11	12
13	14	15	16	17	18	19
20	21	22	23	24	25	26
27	28	29	30			

5

日	月	火	水	木	金	土
				1	2 今日	3
4	5	6	7	8	9	10
11	12	13	14	15	16	17
18	19	20	21	22	23	24
25	26	27	28	29	30	31

6

日	月	火	水	木	金	土
1	2	3	4	5	6	7
8	9	10	11	12	13	14
15	16	17	18	19	20	21
22	23	24	25	26	27	28
29	30	31				

보기 A 今日(きょう)は 何月(なんがつ) 何日(なんにち) 何曜日(なんようび)ですか。
B 今日(きょう)は 5月(ごがつ) 2日(ふつか) 金曜日(きんようび)です。

Tip

何月(なんがつ)ですか 몇 월입니까? / 何日(なんにち)ですか 며칠입니까? / 何曜日(なんようび) 무슨 요일 /
명사+でした ~이었습니다

어휘 및 표현

今日(きょう) 오늘

Unit 06 きつねそばを一つ(ひと)ください。

유부메밀국수를 하나 주세요.

학습 목표

1 조수사①
2 いくらですか 얼마입니까?
3 ～ください ～ 주세요
4 명사+じゃなかったです ~이 아니었습니다

회화

25

店員　いらっしゃいませ。ご注文(ちゅうもん)を どうぞ。

山田　きつねそばを 一(ひと)つ ください。金(キム)さんは？

金　私(わたし)は みそラーメンを 一(ひと)つ お願(ねが)いします。

店員　きつねうどん 一(ひと)つと みそラーメン 一(ひと)つですね。

山田　あ、きつねうどんじゃないですよ。

店員　えっ、きつねうどんじゃなかったですか。

失礼(しつれい)しました。きつねうどんじゃなくて、きつねそばですね。

山田　はい。全部(ぜんぶ)で いくらですか。

店員　全部(ぜんぶ)で 1,600円(せんろっぴゃくえん)です。

어휘 및 표현

店員(てんいん) 점원 いらっしゃいませ 어서 오세요 *가게 등에서 손님에게 하는 말 ご (한자어의 체언에 붙어서) 존경의 뜻을 나타냄 注文(ちゅうもん) 주문 ～を ～을 どうぞ 무언가를 허락하거나 권할 때 쓰는 말 きつねそば 유부메밀국수 一(ひと)つ 하나, 한 개 ください 주세요 みそラーメン 된장라면 お願(ねが)いします 부탁드립니다 きつねうどん 유부우동 ～と ～와 ～ね ～네요, ~군요, ~죠? ～よ ～예요 *강조 失礼(しつれい)しました 실례했습니다 ～じゃなくて ～이 아니고 全部(ぜんぶ)で 전부 합해서 いくら 얼마 ～円(えん) ～엔 *일본의 화폐 단위

[1] 조수사①

	고유수	～個	～人	～本
1	ひとつ 一つ	いっこ 一個	ひとり 一人	いっぽん 一本
2	ふたつ 二つ	にこ 二個	ふたり 二人	にほん 二本
3	みっつ 三つ	さんこ 三個	さんにん 三人	さんぼん 三本
4	よっつ 四つ	よんこ 四個	よにん 四人	よんほん 四本
5	いつつ 五つ	ごこ 五個	ごにん 五人	ごほん 五本
6	むっつ 六つ	ろっこ 六個	ろくにん 六人	ろっぽん 六本
7	ななつ 七つ	ななこ 七個	しちにん 七人	ななほん 七本
8	やっつ 八つ	はっこ・はちこ 八個	はちにん 八人	はっぽん・はちほん 八本
9	ここのつ 九つ	きゅうこ 九個	きゅうにん 九人	きゅうほん 九本
10	とお 十	じゅっこ 十個	じゅうにん 十人	じゅっぽん 十本
11	*	じゅういっこ 十一個	じゅういちにん 十一人	じゅういっぽん 十一本
?	いくつ	なんこ 何個	なんにん 何人	なんぼん 何本

어휘 및 표현

～個(こ) ～개 ～人(にん) ～명 ～本(ほん) ～자루, ～병 *가늘고 긴 것을 세는 말

[2] いくらですか 얼마입니까?

- A: すみません、たこ焼(や)きは いくらですか。
  B: 6(むっ)つで 320(さんびゃくにじゅうえん) 円です。
- A: 全部(ぜんぶ)で いくらですか。
  B: 1,700円(せんななひゃくえん)です。

[3] ～ください ～ 주세요

- あの ペンを 3本(さんぼん) ください。
- ホットコーヒーを 一(ひと)つと アイスコーヒーを 二(ふた)つ ください。
- ランチセットA(エー)を ください。 *ランチセットA(エー)を お願(ねが)いします。

[4] 명사+じゃなかったです ~이 아니었습니다

- これは 私(わたし)のじゃなかったです。
- 彼(かれ)の 誕生日(たんじょうび)は 4月(しがつ) 20日(はつか)じゃなかったです。

명사		정중형	보통형
현재	긍정	うそです	うそだ
	부정	うそじゃないです (=うそじゃありません)	うそじゃない (=うそではない)
과거	긍정	うそでした(=うそだったです)	うそだった
	부정	うそじゃなかったです (=うそじゃありませんでした)	うそじゃなかった (=うそではなかった)

어휘 및 표현

すみません 저기요 *가게 등에 들어가서 점원을 부를 때 쓰는 말 たこ焼(や)き 다코야키 ～で ~에 *한정을 나타냄 ペン 펜 ホットコーヒー 뜨거운 커피 アイスコーヒー 아이스커피 二(ふた)つ 둘, 두 개 ランチセット 런치세트 ～の ~의 것 うそ 거짓말

패턴 훈련

[1]

보기

A みかんはいくつですか。

B よっつです。

①

A ご家族(かぞく)は 何人(なんにん)ですか。

B ______________________

②

A りんごはいくつですか。

B ______________________

③

A 鉛筆(えんぴつ)は 何本(なんぼん)ですか。

B ______________________

④

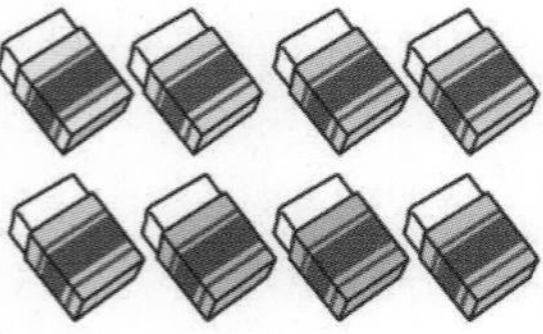

A 消(け)しゴムは 何個(なんこ)ですか。

B ______________________

어휘 및 표현

みかん 귤 いくつ 몇 개 よっつ 넷, 네 개 ご (한자어의 체언에 붙어서) 존경의 뜻을 나타냄 家族(かぞく) 가족, 식구
何人(なんにん) 몇 명 りんご 사과 鉛筆(えんぴつ) 연필 何本(なんぼん) 몇 자루 消(け)しゴム 지우개 何個(なんこ) 몇 개

[2]

보기 ケーキ(200円(にひゃくえん))・三つ

➡ A ケーキを みっつ ください。いくらですか。

B ろっぴゃく円(えん)です。

① 生(なま)ビール(370 円(さんびゃくななじゅうえん))・二つ

➡ A ____________________

B ____________________

② ハンバーガー(280 円(にひゃくはちじゅうえん))・四つと コーラ(110円(ひゃくじゅうえん))・一つ

➡ A ____________________

B ____________________

[3]

보기 ドーナツ・六個・五個

➡ A ドーナツは ろっこでしたか。

B いいえ、ろっこじゃなかったです。ごこでした。

① ご注文(ちゅうもん)・ジュース・ココア

➡ A ____________________

B ____________________

② 男(おとこ)の人(ひと)・二人・四人

➡ A ____________________

B ____________________

어휘 및 표현

ケーキ 케이크 生(なま)ビール 생맥주 ハンバーガー 햄버거 コーラ 콜라 ドーナツ 도넛 注文(ちゅうもん) 주문 ジュース 주스 ココア 코코아 男(おとこ)の人(ひと) 남자

듣기 훈련

[1] 다음을 잘 듣고 내용이 그림과 맞으면 O, 틀리면 X를 하세요. 26

① (　　)　② (　　)　③ (　　)　④ (　　)

[2] 대화를 잘 듣고 질문에 맞는 답을 찾으세요. 27

① 치즈 케이크는 몇 개를 주문했습니까?

ⓐ 一つ　ⓑ 二つ　ⓒ 三つ　ⓓ 四つ

② 손님은 몇 명입니까?

ⓐ 一人　ⓑ 二人　ⓒ 三人　ⓓ 四人

③ 전부 합해서 얼마입니까?

ⓐ 1,600円(えん)　ⓑ 1,700円(えん)　ⓒ 1,800円(えん)　ⓓ 1,900円(えん)

어휘 및 표현

子供(こども) 아이 女(おんな)の子(こ) 여자아이 いらっしゃいませ 어서 오세요 *가게 등에서 손님에게 하는 말 注文(ちゅうもん) 주문 サンドイッチ 샌드위치 ください 주세요 チーズケーキ 치즈 케이크 ～ね ~네요, ~군요, ~죠? 全部(ぜんぶ)で 전부 합해서

말하기 훈련

★ 우리말로 되어 있는 부분을 일본어로 바꿔 말해 보세요. 그리고 ②와 ④는 메뉴를 바꿔서 말해 보세요.

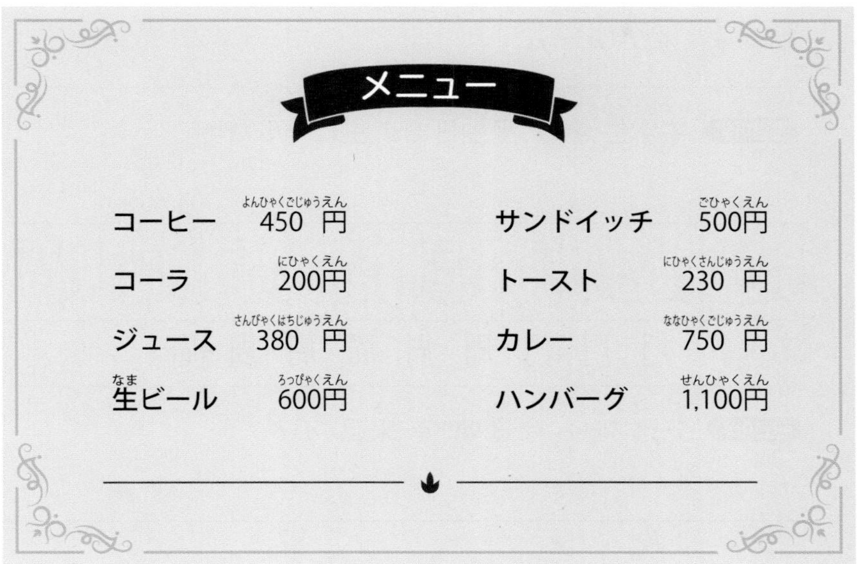

メニュー
コーヒー よんひゃくごじゅうえん 450 円
コーラ にひゃくえん 200円
ジュース さんびゃくはちじゅうえん 380 円
生(なま)ビール ろっぴゃくえん 600円
サンドイッチ ごひゃくえん 500円
トースト にひゃくさんじゅうえん 230 円
カレー ななひゃくごじゅうえん 750 円
ハンバーグ せんひゃくえん 1,100円

店員 (① 어서 오세요.)

ご注文(ちゅうもん)を どうぞ。こちらは メニューです。

金 (② 카레 하나와 커피 두 개를 주세요.)

(③ 얼마입니까?)

店員 (④ 전부 합해서 1,650엔입니다)

ありがとうございました。

～ください ～ 주세요

어휘 및 표현

メニュー 메뉴 コーヒー 커피 コーラ 콜라 トースト 토스트 ジュース 주스 カレー 카레 生(なま)ビール 생맥주 ハンバーグ 햄버거스테이크 こちら 이쪽 ありがとうございました 감사했습니다

한자 훈련 2 Unit 04~06

生
날 **생**

生 生 生 生 生 生 生 生 生

丿 𠂉 𠂉 牛 生

관련어휘 中学生(ちゅうがくせい) 중학생 誕生日(たんじょうび) 생일 生(なま)ビール 생맥주

週
돌 **주**

週 週 週 週 週 週 週 週 週

丿 冂 月 円 円 用 周 周 周 凋 週

관련어휘 先週(せんしゅう) 지난주 今週(こんしゅう) 이번 주 来週(らいしゅう) 다음 주

金
쇠 **금**, 성씨 **김**

金 金 金 金 金 金 金 金 金

丿 人 亼 今 仐 伞 余 金

관련어휘 金曜日(きんようび) 금요일 料金(りょうきん) 요금 現金(げんきん) 현금

注
부을 **주**

注 注 注 注 注 注 注 注 注

丶 丶 氵 氵 汁 汁 注 注

관련어휘 注文(ちゅうもん) 주문 注意(ちゅうい) 주의 注目(ちゅうもく) 주목

全
온전할 **전**

全 全 全 全 全 全 全 全 全

丿 人 亼 仐 仐 全

관련어휘 全部(ぜんぶ) 전부 安全(あんぜん) 안전 完全(かんぜん) 완전

[1] 다음 단어를 히라가나로 써 보세요.

① 誕生日 (　　　　　　　　　　) ② 今週 (　　　　　　　　　　)

③ 注文 (　　　　　　　　　　) ④ 金曜日 (　　　　　　　　　　)

⑤ 全部 (　　　　　　　　　　) ⑥ 安全 (　　　　　　　　　　)

[2] 다음 단어를 한자로 써 보세요.

① ちゅうい (　　　　　　　　　　) ② ちゅうがくせい (　　　　　　　　　　)

③ りょうきん (　　　　　　　　　　) ④ せんしゅう (　　　　　　　　　　)

⑤ <u>なま</u>ビール (　　　　　　　　　　) ⑥ ちゅうもく (　　　　　　　　　　)

[3] 다음 밑줄 친 부분의 단어를 한자로 바꿔 써 보세요.

森(もり)さんの <u>たんじょうび</u>①は <u>らいしゅう</u>②の <u>きんようび</u>③です。それで

プレゼントを ネットで <u>ちゅうもん</u>④しました。<u>ぜんぶ</u>⑤で、4,000円(よんせんえん)でした。

Unit

07 とても きれいな 所(ところ)です。

매우 깨끗한 곳입니다.

학습 목표

1 **な형용사의 어간+です** ~합니다 /
な형용사의 어간+じゃないです ~하지 않습니다

2 **な형용사의 어간+で** ~하고

3 **どうですか** 어떻습니까?

4 **な형용사의 어간+な+명사** ~한 ~

회화

金　山田(やまだ)さん、この 町(まち)は どこですか。

山田　あ、ここは 九州(きゅうしゅう)の 宮崎(みやざき)です。私(わたし)の 町(まち)ですよ。

金　そうですか。宮崎(みやざき)は どんな 所(ところ)ですか。

山田　みんな 親切(しんせつ)で、とてもきれいな 所(ところ)です。

金　にぎやかな 所(ところ)ですか。

山田　いいえ、あまり にぎやかじゃないですが、
海(うみ)が 本当(ほんとう)に きれいです。

金　海(うみ)ですか。私(わたし)は 海(うみ)が 大好(だいす)きです。

山田　そうですか。今度(こんど) 一緒(いっしょ)に どうですか。

金　いいですね。

어휘 및 표현

町(まち) 동네, 마을　どこ 어디　九州(きゅうしゅう) 규슈　宮崎(みやざき) 미야자키 *규슈 동남부의 현　どんな 어떤　所(ところ) 곳
みんな 모두　親切(しんせつ)だ 친절하다　とても 매우　きれいだ 깨끗하다, 예쁘다　にぎやかだ 번화하다, 북적이다　あまり 그다지, 별로
～が ～이지만　海(うみ) 바다　本当(ほんとう)に 정말로　大好(だいす)きだ 매우 좋아하다　今度(こんど) 이번, 다음번
一緒(いっしょ)に 함께, 같이　どうですか 어떻습니까?　いいですね 좋죠

포인트 문법

[1] な형용사의 어간+です ~합니다 /
な형용사의 어간+じゃないです(=ではありません) ~하지 않습니다

- 私(わたし)は 旅行(りょこう)が とても 好(す)きです。
- A: 朴(パク)さんは 日本語(にほんご)が 上手(じょうず)ですか。
  B: いいえ、あまり 上手(じょうず)じゃないです。
- 今日(きょう)は 暇(ひま)ですが、明日(あした)は 暇(ひま)じゃないです。

~が 好(す)きです / ~が 嫌(きら)いです
~が 上手(じょうず)です / ~が 下手(へた)です
: ~을 좋아합니다 / ~을 싫어합니다
~을 잘합니다 / ~을 잘 못합니다

~が : ~이지만

＊私(わたし)の 部屋(へや)は きれいではありません。

＊ 주요 부사

全然(ぜんぜん) 전혀	あまり 그다지, 별로	本当(ほんとう)に 정말로
すごく 굉장히, 몹시	とても 매우	ほとんど 거의, 대부분

[2] な형용사의 어간+で ~하고

- 韓国(かんこく)の 電車(でんしゃ)は きれいで、便利(べんり)です。
- 朴(パク)さんは 日本語(にほんご)が 上手(じょうず)で、スポーツが 好(す)きです。
- 山田(やまだ)さんは 親切(しんせつ)で、まじめです。

어휘 및 표현

旅行(りょこう) 여행　好(す)きだ 좋아하다　上手(じょうず)だ 잘하다, 능숙하다　部屋(へや) 방　暇(ひま)だ 한가하다
きれいだ 깨끗하다, 예쁘다　電車(でんしゃ) 전철　スポーツ 스포츠　親切(しんせつ)だ 친절하다　まじめだ 성실하다

[3] どうですか 어떻습니까?

- 日本語(にほんご)の 勉強(べんきょう)は どうですか。
- 今日(きょう)、ビール 一杯(いっぱい) どうですか。
- A : 仕事(しごと)は どうですか。
  B : 毎日(まいにち) 大変(たいへん)です。
- A : この レストランは どうですか。
  B : ここは きれいで、静(しず)かです。

[4] な형용사의 어간+な+명사 ~한 ~

- 東京(とうきょう)は にぎやかな 所(ところ)ですね。
- 私(わたし)は ハンサムで、元気(げんき)な 人(ひと)が 好(す)きです。
- A : 木村(きむら)さんは どんな 人(ひと)ですか。
  B : とても 元気(げんき)で、まじめな 人(ひと)です。
- ここは 静(しず)かな 店(みせ)です。

어휘 및 표현

勉強(べんきょう) 공부 ビール 맥주 一杯(いっぱい) (술) 한 잔 仕事(しごと) 일, 업무 毎日(まいにち) 매일
大変(たいへん)だ 힘들다, 큰일이다 レストラン 레스토랑 静(しず)かだ 조용하다 にぎやかだ 번화하다, 북적이다 ハンサムだ 잘생기다
元気(げんき)だ 건강하다, 활력이 넘치다

패턴 훈련

[1]

보기 今日(きょう)・暇(ひま)だ

➡ A 今日(きょう)は暇(ひま)ですか。

B1 はい、暇(ひま)です。

B2 いいえ、あまり暇(ひま)じゃないです。

① 彼女(かのじょ)・歌(うた)が 上手(じょうず)だ

➡ A ______________________

B1 はい、______________________

② 金(キム)さん・運動(うんどう)が 嫌(きら)いだ

➡ A ______________________

B2 いいえ、______________________

[2]

보기 親切(しんせつ)だ・きれいだ

➡ 先生(せんせい)は親切(しんせつ)で、きれいです。

① 便利(べんり)だ・きれいだ

➡ 韓国(かんこく)の 電車(でんしゃ)は ______________________

② とても 元気(げんき)だ・野球(やきゅう)が 好(す)きだ

➡ 友達(ともだち)の 山田(やまだ)は ______________________

③ すてきだ・いつも にぎやかだ

➡ この 店(みせ)は ______________________

어휘 및 표현

暇(ひま)だ 한가하다 あまり 그다지, 별로 彼女(かのじょ) 그녀, 여자 친구 歌(うた) 노래 上手(じょうず)だ 잘하다, 능숙하다
運動(うんどう) 운동 嫌(きら)いだ 싫어하다 親切(しんせつ)だ 친절하다 とても 매우 野球(やきゅう) 야구 好(す)きだ 좋아하다
友達(ともだち) 친구 すてきだ 멋지다 いつも 항상, 늘

[3]

보기 日本語・下手だ・好きだ

→ A 日本語は どうですか。

B 下手ですが、好きです。

① あの 店・有名だ・あまり きれいじゃない

→ A ____________________

B ____________________

② 社長・スマートだ・親切じゃない

→ A ____________________

B ____________________

[4]

보기 A 恋人は どんな 人ですか。(まじめだ・元気だ・人)

B まじめで、元気な 人です。

① A ここは どんな 店ですか。(刺身が 新鮮だ・静かだ・所)

B ____________________

② A 日本は どんな 国ですか。(人が 親切だ・きれいだ・国)

B ____________________

③ A 木村さんは どんな 人ですか。(ダンスが 好きだ・すてきだ・人)

B ____________________

어휘 및 표현

下手(へた)だ 잘 못하다, 서투르다 店(みせ) 가게 有名(ゆうめい)だ 유명하다 社長(しゃちょう) 사장(님) スマートだ 세련되다 恋人(こいびと) 연인, 애인 どんな 어떤 まじめだ 성실하다 店(みせ) 가게 刺身(さしみ) 생선회 新鮮(しんせん)だ 신선하다 所(ところ) 곳 国(くに) 나라 人(ひと) 사람 ダンス 댄스, 춤

듣기 훈련

[1] 대화를 잘 듣고 내용과 맞는 그림을 고르세요. 29

[2] 대화를 잘 듣고 질문에 대한 답을 써 보세요. 30

① 박 씨가 좋아하는 스포츠는 무엇입니까? ________________________________ 。

② 야마다 씨는 어떤 음악을 좋아합니까? ________________________________ 。

③ 야마다 씨는 노래를 잘합니까? ________________________________ 。

어휘 및 표현

歌手(かしゅ) 가수 子(こ) 아이 本当(ほんとう)に 정말로 運動(うんどう) 운동 英語(えいご) 영어 ～も ～도 スポーツ 스포츠 野球(やきゅう) 야구 バスケ 농구 音楽(おんがく) 음악 J-POP(ジェー-ポップ) 제이팝, 일본 가요 全然(ぜんぜん) 전혀

말하기 훈련

★ 우리말로 되어 있는 부분을 일본어로 바꿔 말해 보세요.

山田　金(キム)さんが 好(す)きな 俳優(はいゆう)は 誰(だれ)ですか。

金　(① 제가 좋아하는 배우는) 朴(パク)○○さんです。

山田　朴(パク)○○さんは 有名(ゆうめい)な 俳優(はいゆう)ですか。

金　はい、(② 매우 유명한 배우입니다.)

山田　どんな 人(ひと)ですか。

金　(③ 그는 성실하고, 노래도 잘하는 사람입니다.)

山田(やまだ)さんは 誰(だれ)が 好(す)きですか。

山田　僕(ぼく)は (④ 가수 '사쿠라짱'을 좋아합니다만, 지금은 별로 유명하지 않습니다.)

金　そうですか。(⑤ 내일 같이 영화 어떻습니까?)

山田　明日(あした)、大丈夫(だいじょうぶ)です。朴(パク)○○さんの 映画(えいが)ですね。

Tip

な형용사의 어간+な+명사 ~한 ~ / な형용사의 어간+で ~하고 / な형용사의 어간+です ~합니다 / な형용사의 어간+ですか ~합니까? / な형용사의 어간+じゃないです ~하지 않습니다

어휘 및 표현

俳優(はいゆう) 배우　誰(だれ) 누구　有名(ゆうめい)だ 유명하다　大丈夫(だいじょうぶ)だ 괜찮다　映画(えいが) 영화
~ね ~네요, ~군요, ~죠?

Unit

08 演技(えんぎ)が上手(じょうず)でしたか。

연기를 잘했습니까?

학습 목표

1 な형용사의 어간+でした ~했습니다
2 な형용사의 어간+じゃなかったです ~하지 않았습니다
3 な형용사의 어간+じゃなくて ~하지 않고
4 ~より ~の方(ほう)が ~ ~보다 ~ 쪽이 ~

회화

31

金　山田(やまだ)さん、好(す)きな 韓国人(かんこくじん)は 誰(だれ)ですか。

山田　私(わたし)が 一番(いちばん) 好(す)きな 韓国人(かんこくじん)は「B様(ビーさま)」です。

金　えっ、「B様(ビーさま)」は 誰(だれ)ですか。

山田　2004年(にせんよねん)ごろ、日本(にほん)で とても 有名(ゆうめい)だった タレントです。

金　そうですか。演技(えんぎ)が 上手(じょうず)でしたか。

山田　演技(えんぎ)が 上手(じょうず)じゃなくて、ハンサムでしたよ。

金　最近(さいきん)は OTS(オーティーエス)が 有名(ゆうめい)ですね。
歌(うた)と ダンスが とても 上手(じょうず)な 歌手(かしゅ)です。

山田　そうですね。でも、私(わたし)は OTS(オーティーエス)より ONCE(ワンス)の 方(ほう)が 好(す)きです。
とても きれいですから。

어휘 및 표현

好(す)きだ 좋아하다　一番(いちばん) 가장, 제일　~様(さま) ~사마, ~님　~ごろ ~경, ~쯤　~で ~에서 *장소를 나타냄　とても 매우　有名(ゆうめい)だ 유명하다　な형용사의 어간+だった ~했다　タレント 탤런트　演技(えんぎ) 연기　上手(じょうず)だ 잘하다, 능숙하다　ハンサムだ 잘생기다　最近(さいきん) 최근　歌(うた) 노래　ダンス 댄스, 춤　歌手(かしゅ) 가수　でも 하지만　~より ~보다　方(ほう) 쪽, 편　~から ~이기 때문에 *원인 · 이유를 나타냄

[1] な형용사의 어간+でした ~했습니다

- 彼女(かのじょ)は 元気(げんき)でした。
- 前(まえ)の 仕事(しごと)は 大変(たいへん)でした。
- 昔(むかし)、彼(かれ)は とても 有名(ゆうめい)でした。
- 昨日(きのう)は 暇(ひま)でしたか。

[2] な형용사의 어간+じゃなかったです ~하지 않았습니다

- 日本語(にほんご)の テストは 簡単(かんたん)じゃなかったです。
- あの レストランは あまり 静(しず)かじゃなかったです。
- 昔(むかし)、私(わたし)は 旅行(りょこう)が 好(す)きじゃなかったです。
- えっ、まじめじゃなかったですか。

な형용사		정중형	보통형
현재	긍정	好(す)きです	好(す)きだ
	부정	好(す)きじゃないです (=好(す)きじゃありません)	好(す)きじゃない (=好(す)きではない)
과거	긍정	好(す)きでした(=好(す)きだったです)	好(す)きだった
	부정	好(す)きじゃなかったです (=好(す)きじゃありませんでした)	好(す)きじゃなかった (=好(す)きではなかった)

어휘 및 표현

彼女(かのじょ) 그녀, 여자 친구 元気(げんき)だ 건강하다, 잘 지내다 前(まえ) 전 仕事(しごと) 일, 업무
大変(たいへん)だ 힘들다, 큰일이다 昔(むかし) 옛날 彼(かれ) 그, 남자 친구 昨日(きのう) 어제 暇(ひま)だ 한가하다
テスト 테스트, 시험 簡単(かんたん)だ 간단하다 レストラン 레스토랑 あまり 그다지, 별로 静(しず)かだ 조용하다
旅行(りょこう) 여행 えっ 앗, 네? *뜻밖의 일로 놀라거나 의심할 때 내는 소리 まじめだ 성실하다

[3] な형용사의 어간+じゃなくて ~하지 않고

- あの 町(まち)は 静(しず)かじゃなくて、にぎやかです。
- 私(わたし)は サッカーが 好(す)きじゃなくて、野球(やきゅう)が 好(す)きです。
- 彼女(かのじょ)は 歌(うた)が 上手(じょうず)じゃなくて、ダンスが 上手(じょうず)です。

[4] ~より ~の 方(ほう)が ~ ~보다 ~ 쪽이 ~

- A : 仕事(しごと)と 家族(かぞく)と どちらが 大事(だいじ)ですか。
  B : 仕事(しごと)より 家族(かぞく)の 方(ほう)が 大事(だいじ)です。
- A : 土曜日(どようび)と 日曜日(にちようび)と どちらが 暇(ひま)ですか。
  B : 土曜日(どようび)より 日曜日(にちようび)の 方(ほう)が 暇(ひま)です。
- 金(キム)さんの 部屋(へや)より 私(わたし)の 部屋(へや)の 方(ほう)が きれいです。

サッカー 축구 野球(やきゅう) 야구 上手(じょうず)だ 잘하다, 능숙하다 家族(かぞく) 가족, 식구
~と ~と ~どちらが ~ ~와 ~ 중에서 어느 쪽이 ~ 大事(だいじ)だ 소중하다 土曜日(どようび) 토요일 日曜日(にちようび) 일요일
部屋(へや) 방 きれいだ 깨끗하다, 예쁘다

패턴 훈련

[1]

보기 ここ・にぎやかだ
→ A 昔(むかし)、ここはにぎやかでしたか。
B1 はい、とてもにぎやかでした。
B2 いいえ、あまりにぎやかじゃなかったです。

① 先生(せんせい)・ハンサムだ

→ A ______________________________

B1 はい、______________________________

② この辺(へん)・静(しず)かだ

→ A ______________________________

B2 いいえ、______________________________

③ あの 店(みせ)・親切(しんせつ)だ

→ A ______________________________

B2 いいえ、______________________________

④ 勉強(べんきょう)・好(す)きだ

→ A ______________________________

B2 いいえ、______________________________

어휘 및 표현

ここ 이곳, 여기 にぎやかだ 번화하다, 북적이다 昔(むかし) 옛날 とても 매우 あまり 그다지, 별로 先生(せんせい) 선생(님) ハンサムだ 잘생기다 この辺(へん) 이 근처 静(しず)かだ 조용하다 勉強(べんきょう) 공부 好(す)きだ 좋아하다

[2]

보기 金(キム)さん・英語(えいご)が 上手(じょうず)だ・下手(へた)だ
→ A 金(キム)さんは 英語(えいご)が 上手(じょうず)ですか。
B いいえ、上手(じょうず)じゃなくて、下手(へた)です。

① この アプリ・便利(べんり)だ・不便(ふべん)だ

→ A ________________

B ________________

② あの 仕事(しごと)・楽(らく)だ・大変(たいへん)だ

→ A ________________

B ________________

[3]

보기 そば・うどん・好(す)きだ
→ A そばと うどんと どちらが 好(す)きですか。
B そばより うどんの 方(ほう)が 好(す)きです。

① 海(うみ)・山(やま)・好(す)きだ

→ A ________________

B ________________

② お金(かね)・愛(あい)・大事(だいじ)だ

→ A ________________

B ________________

어휘 및 표현

英語(えいご) 영어 上手(じょうず)だ 잘하다, 능숙하다 下手(へた)だ 잘 못하다, 서투르다 アプリ 앱 不便(ふべん)だ 불편하다
仕事(しごと) 일, 업무 楽(らく)だ 편안하다 大変(たいへん)だ 힘들다, 큰일이다 そば 메밀국수 うどん 우동
～と ～と どちらが ～ ～와 ～ 중에서 어느 쪽이 ～ 海(うみ) 바다 山(やま) 산 お金(かね) 돈 愛(あい) 사랑

듣기 훈련

[1] **대화를 잘 듣고 내용과 맞으면 O, 틀리면 X를 하세요.** 32

① 호텔은 별로 깨끗하지 않았습니다. (　　　)

② 사람들은 모두 친절했습니다. (　　　)

③ 명동은 번화했습니다. (　　　)

④ 가게 사람은 영어를 잘했습니다. (　　　)

[2] **대화를 잘 듣고 다음 세 사람이 어떤 것을 좋아하는지 찾아 보세요.** 33

① 金(キム)　(　　　)

② 山田(やまだ) (　　　)

③ 木村(きむら) (　　　)

어휘 및 표현

旅行(りょこう) 여행　ホテル 호텔　きれいだ 깨끗하다, 예쁘다　みんな 모두　それから 그다음에, 그리고　町(まち) 동네, 마을
にぎやかだ 번화하다, 북적이다　一番(いちばん) 가장, 제일　ミョンドン(明洞) 명동　店(みせ) 가게　人(ひと) 사람
インスタントラーメン 인스턴트라면　前(まえ) 전　最近(さいきん) 최근　やはり 역시　パスタ 파스타

말하기 훈련

★ 보기와 같이 비교하는 문장으로 묻고 답해 보세요.

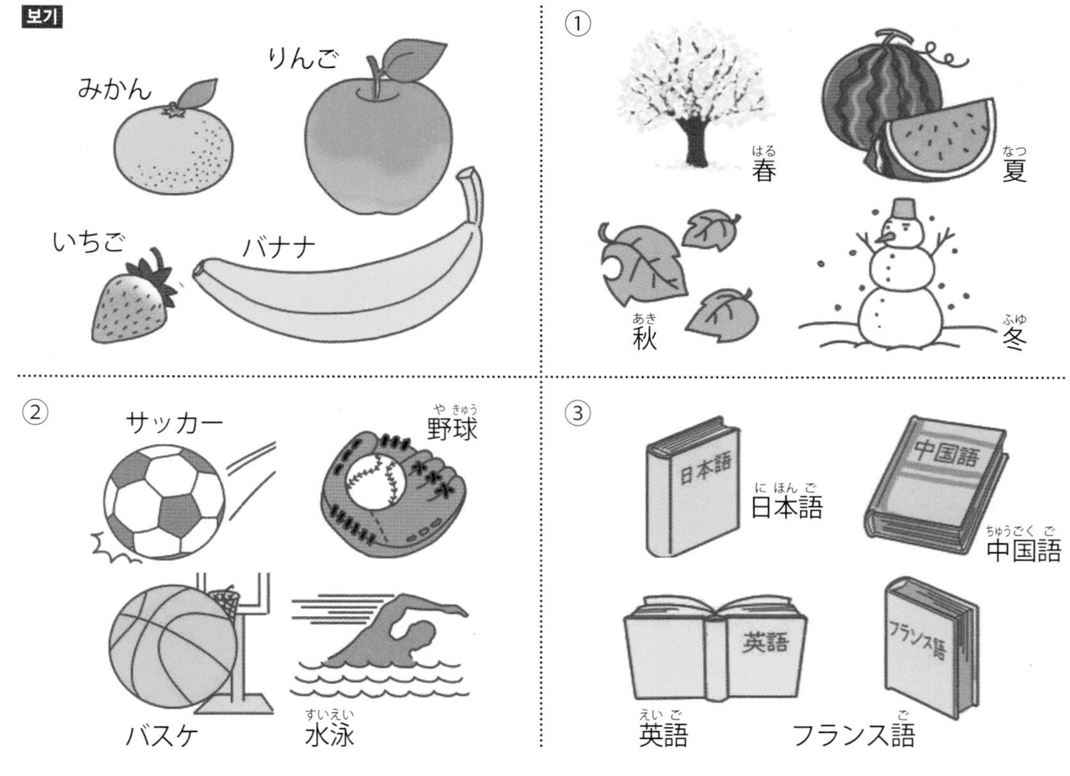

보기 A りんごと バナナと どちらが 好(す)きですか。

B りんごより バナナの 方(ほう)が 好(す)きです。

Tip

～と ～と どちらが ～ ~와 ~ 중에서 어느 쪽이 ~ / ～より ～の 方(ほう)が ～ ~보다 ~ 쪽이 ~

어휘 및 표현

みかん 귤 りんご 사과 いちご 딸기 バナナ 바나나 春(はる) 봄 夏(なつ) 여름 秋(あき) 가을 冬(ふゆ) 겨울 サッカー 축구 野球(やきゅう) 야구 バスケ 농구 水泳(すいえい) 수영 日本語(にほんご) 일본어 中国語(ちゅうごくご) 중국어 英語(えいご) 영어 フランス語(ご) 프랑스어

な 형용사 총정리

[1] な형용사 문형 정리

		긍정	부정
정중형	현재	きれいです 깨끗합니다, 예쁩니다	きれいじゃないです (=きれいじゃありません、 きれいではありません) 깨끗하지 않습니다, 예쁘지 않습니다
	과거	きれいでした 깨끗했습니다, 예뻤습니다	きれいじゃなかったです (=きれいじゃありませんでした、 きれいではありませんでした) 깨끗하지 않았습니다, 예쁘지 않았습니다
보통형	현재	きれいだ 깨끗하다, 예쁘다	きれいじゃない (=きれいではない) 깨끗하지 않다, 예쁘지 않다
	과거	きれいだった 깨끗했다, 예뻤다	きれいじゃなかった (=きれいではなかった) 깨끗하지 않았다, 예쁘지 않았다
연결		きれいで 깨끗하고, 예쁘고	きれいじゃなくて 깨끗하지 않고, 예쁘지 않고

[2] な형용사 주요 어휘

어휘	뜻
□ きれいだ	깨끗하다, 예쁘다
□ 静しずかだ	조용하다
□ 暇ひまだ	한가하다
□ 簡単かんたんだ	간단하다
□ 有名ゆうめいだ	유명하다
□ 好すきだ	좋아하다
□ 嫌きらいだ	싫어하다
□ 上手じょうずだ	잘하다, 능숙하다
□ 下手へただ	잘 못하다, 서투르다
□ まじめだ	성실하다
□ 元気げんきだ	건강하다, 활력이 넘치다, 잘 지내다
□ 便利べんりだ	편리하다
□ 不便ふべんだ	불편하다
□ 大丈夫だいじょうぶだ	괜찮다
□ 丈夫じょうぶだ	튼튼하다
□ にぎやかだ	번화하다, 북적이다
□ 大変たいへんだ	힘들다, 큰일이다
□ 親切しんせつだ	친절하다
□ 不親切ふしんせつだ	불친절하다
□ 新鮮しんせんだ	신선하다
□ 大事だいじだ	소중하다
□ 重要じゅうようだ	중요하다
□ 必要ひつようだ	필요하다
□ 楽らくだ	편안하다
□ スマートだ	세련되다, 말쑥하다, 늘씬하다
□ ハンサムだ	잘생기다

ビールも おいしい 所(ところ)です。

맥주도 맛있는 곳입니다.

학습 목표

1 い형용사의 기본형+です ~(습)니다

2 い형용사의 어간+くないです ~지 않습니다

3 い형용사의 어간+くて ~고

4 い형용사의 기본형+명사 ~한 ~

회화

金　山田(やまだ)さん、一緒(いっしょ)に ビール 一杯(いっぱい) どうですか。

山田　今日(きょう)は 仕事(しごと)が 忙(いそが)しいです。

明日(あした)は 忙(いそが)しくないですけど。

金　そうですか。じゃ、明日(あした) 何時(なんじ)が いいですか。

山田　午後(ごご)は いつでも いいですよ。

金　山田(やまだ)さんは どんな 料理(りょうり)が 好(す)きですか。

山田　私(わたし)は 辛(から)い 料理(りょうり)が 好(す)きです。

金　じゃ、駅前(えきまえ)の 店(みせ)は どうですか。

安(やす)くて、ビールも おいしい 所(ところ)です。

어휘 및 표현

一緒(いっしょ)に 함께, 같이　ビール 맥주　一杯(いっぱい) (술) 한 잔　仕事(しごと) 일, 업무　忙(いそが)しい 바쁘다　明日(あした) 내일　~けど ~이지만　じゃ 그럼　何時(なんじ) 몇 시　いい 좋다　午後(ごご) 오후　いつでも 언제든지　どんな 어떤　料理(りょうり) 요리　好(す)きだ 좋아하다　辛(から)い 맵다　駅前(えきまえ) 역 앞　店(みせ) 가게　安(やす)い 싸다　~も ~도　おいしい 맛있다

[1] い형용사의 기본형+です ~(습)니다

- 今日(きょう)は 仕事(しごと)が とても 忙(いそが)しいです。
- 友達(ともだち)の サラちゃんは 優(やさ)しいです。
- 私(わたし)は 姉(あね)より 背(せ)が 高(たか)いです。
- この 店(みせ)は おいしいですが、ちょっと 高(たか)いです。

[2] い형용사의 어간+くないです(=くありません) ~지 않습니다

- 英語(えいご)の テストは あまり 難(むずか)しくないです。
- A: 新(あたら)しい 車(くるま)が ほしいですか。
  B: いいえ、あまり ほしくないですけど。
- 彼女(かのじょ)は 髪(かみ)が 長(なが)くないです。短(みじか)いです。

> ~が ほしい
> : ~을 원하다,
> ~을 갖고 싶다

* 明日(あした)は あまり 忙(いそが)しくありません。
* 今日(きょう)は 天気(てんき)が よくないです。

> **예외**
> いい : いいです。
> よくないです。

어휘 및 표현

優(やさ)しい 상냥하다 姉(あね) (자신의) 누나, 언니 ～より ~보다 背(せ)が 高(たか)い 키가 크다 ちょっと 조금, 좀 高(たか)い 비싸다 英語(えいご) 영어 あまり 그다지, 별로 難(むずか)しい 어렵다 新(あたら)しい 새롭다 車(くるま) 자동차 ほしい 원하다, 갖고 싶다 髪(かみ) 머리(카락) 長(なが)い 길다 短(みじか)い 짧다 天気(てんき) 날씨 いい 좋다

[3] い형용사의 어간+くて ~고

- 私(わたし)の 部屋(へや)は 狭(せま)くて、きたないです。
- この カフェの コーヒーは 安(やす)くて、おいしいです。
- あの 人(ひと)は 性格(せいかく)も 悪(わる)くて、頭(あたま)も 悪(わる)いです。

＊山田(やまだ)さんは 頭(あたま)も よくて、とても 優(やさ)しいです。

[4] い형용사의 기본형+명사 ~한 ~

- A：今日(きょう)は いい 天気(てんき)ですね。
  B：そうですね。風(かぜ)も 涼(すず)しいですね。
- プサンは 刺身(さしみ)が おいしくて、おもしろい 所(ところ)です。
- A：彼女(かのじょ)は どんな 人(ひと)ですか。
  B：背(せ)が 高(たか)くて、優(やさ)しい 人(ひと)です。

어휘 및 표현

狭(せま)い 좁다 きたない 더럽다 カフェ 카페 コーヒー 커피 安(やす)い 싸다 性格(せいかく) 성격 悪(わる)い 나쁘다 頭(あたま) 머리 風(かぜ) 바람 涼(すず)しい 선선하다 プサン(釜山) 부산 刺身(さしみ) 생선회 おもしろい 재미있다 所(ところ) 곳

패턴 훈련

[1]

보기 運動(うんどう)・楽(たの)しい・とても

➡ A 運動は楽しいですか。

B はい、とても楽しいです。

① ロシアの冬(ふゆ)・寒(さむ)い・すごく

➡ A ______________________________

B ______________________________

② あなたの恋人(こいびと)・優(やさ)しい・とても

➡ A ______________________________

B ______________________________

[2]

보기 A このパン、おいしいですか。(おいしい・まずい)

B いいえ、あまりおいしくないです。まずいです。

① A 漢字(かんじ)の勉強(べんきょう)は難(むずか)しいですか。(難(むずか)しい・簡単(かんたん)だ)

B いいえ、______________________________

② A 学校(がっこう)の図書館(としょかん)は大(おお)きいですか。(大(おお)きい・小(ち)さい)

B いいえ、______________________________

③ A うちから会社(かいしゃ)は近(ちか)いですか。(近(ちか)い・遠(とお)い)

B いいえ、______________________________

어휘 및 표현

運動(うんどう) 운동 楽(たの)しい 즐겁다 ロシア 러시아 冬(ふゆ) 겨울 寒(さむ)い 춥다 すごく 굉장히, 몹시
恋人(こいびと) 연인, 애인 優(やさ)しい 상냥하다 パン 빵 まずい 맛없다 漢字(かんじ) 한자 勉強(べんきょう) 공부
難(むずか)しい 어렵다 簡単(かんたん)だ 간단하다 学校(がっこう) 학교 図書館(としょかん) 도서관 大(おお)きい 크다
小(ちい)さい 작다 うち 집 会社(かいしゃ) 회사 近(ちか)い 가깝다 遠(とお)い 멀다

[3]

보기 A 日本語(にほんご)は どうですか。(易(やさ)しい・おもしろい)
B 易(やさ)しくて、おもしろいです。

① A この ビルの トイレは どうですか。(きたない・あまり きれいじゃない)

B ______________________________

② A 先生(せんせい)の 子供(こども)は どうですか。(かわいい・元気(げんき)だ)

B ______________________________

③ A 数学(すうがく)の 勉強(べんきょう)は どうですか。(難(むずか)しい・つまらない)

B ______________________________

[4]

보기 A 恋人(こいびと)は どんな 人(ひと)ですか。(おもしろい・優(やさ)しい・人(ひと))
B おもしろくて、優(やさ)しい 人(ひと)です。

① A 北京(ペキン)は どんな 所(ところ)ですか。(うるさい・人(ひと)が 多(おお)い・所(ところ))

B ______________________________

② A シンガポールは どんな 国(くに)ですか。(暑(あつ)い・料理(りょうり)が おいしい・国(くに))

B ______________________________

③ A 彼女(かのじょ)は どんな 歌手(かしゅ)ですか。(かわいい・歌(うた)が 上手(じょうず)だ・人(びと))

B ______________________________

어휘 및 표현

易(やさ)しい 쉽다 ビル 빌딩 トイレ 화장실 きたない 더럽다 きれいだ 깨끗하다, 예쁘다 子供(こども) 아이 かわいい 귀엽다, 예쁘다 元気(げんき)だ 건강하다, 활력이 넘치다 数学(すうがく) 수학 勉強(べんきょう) 공부 つまらない 재미없다, 지루하다 北京(ペキン) 베이징 うるさい 시끄럽다 多(おお)い 많다 シンガポール 싱가포르 国(くに) 나라 暑(あつ)い 덥다 歌手(かしゅ) 가수 歌(うた) 노래

듣기 훈련

[1] 다음을 잘 듣고 (　　　) 안에 해당하는 사람의 이름을 써 넣으세요. 35

[2] 대화를 잘 듣고 (　　　) 안에 해당하는 사람의 이름을 써 넣으세요. 36

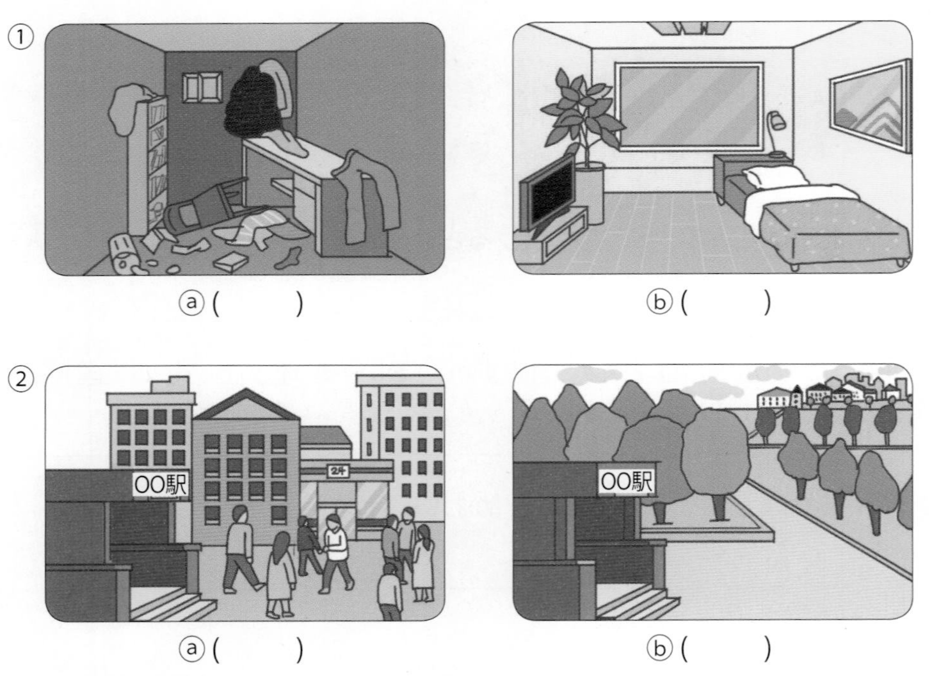

어휘 및 표현

背(せ)が 高(たか)い 키가 크다　髪(かみ) 머리(카락)　長(なが)い 길다　女(おんな)の人(ひと) 여자　背(せ)が 低(ひく)い 키가 작다　短(みじか)い 짧다　男(おとこ)の人(ひと) 남자　目(め) 눈　大(おお)きい 크다　小(ちい)さい 작다　顔(かお) 얼굴　部屋(へや) 방　広(ひろ)い 넓다　狭(せま)い 좁다　窓(まど) 창문　明(あか)るい 밝다　いい 좋다　町(まち) 동네, 마을　静(しず)かだ 조용하다　駅(えき) 역　近(ちか)い 가깝다　少(すこ)し 조금　遠(とお)い 멀다　多(おお)い 많다

말하기 훈련

★ 그림을 보고 보기와 같이 묻고 답해 보세요.

①

②

③

④

⑤

⑥

보기

A 木村君(きむらくん)は どんな 人(ひと)ですか。

B 背(せ)が 高(たか)いです。

A 髪(かみ)が 長(なが)いですか。

B いいえ、長(なが)くないです。
短(みじか)いです。

A 目(め)が 大(おお)きいですか。

B いいえ、小(ちい)さいです。

A 男(おとこ)の人(ひと)ですか。

B はい、そうです。

A あ、1番(いちばん)の 人(ひと)ですね。

Tip

い형용사의 기본형+です ~(습)니다 / い형용사의 어간+くないです ~지 않습니다 /
い형용사의 어간+くて ~고 / い형용사의 기본형+명사 ~한 ~

어휘 및 표현

~君(くん) ~군 *주로 남성에 대해서 씀 人(ひと) 사람 そうです 그렇습니다 ~番(ばん) ~번

한자 훈련 3 Unit 07~09

기운 **기**

気	気	気	気	気	気	気	気	気

관련어휘 元気(げんき)だ 건강하다, 활력이 넘치다 天気(てんき) 날씨 気分(きぶん) 기분

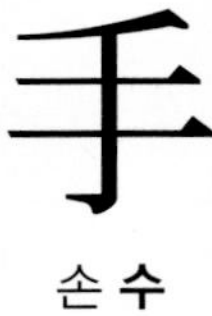

손 **수**

手	手	手	手	手	手	手	手	手

관련어휘 歌手(かしゅ) 가수 選手(せんしゅ) 선수 上手(じょうず)だ 잘하다 下手(へた)だ 잘 못하다 手(て) 손

갈 **행**

行	行	行	行	行	行	行	行	行

관련어휘 旅行(りょこう) 여행 行動(こうどう) 행동 銀行(ぎんこう) 은행

길 **장**

長	長	長	長	長	長	長	長	長

관련어휘 社長(しゃちょう) 사장(님) 部長(ぶちょう) 부장(님) 長(なが)い 길다

店

가게 **점**

店	店	店	店	店	店	店	店	店

관련어휘 店員(てんいん) 점원 店長(てんちょう) 점장(님) 店(みせ) 가게

[1] 다음 단어를 히라가나로 써 보세요.

① 歌手 (　　　　　　　　　　) ② <u>下手</u>だ (　　　　　　　　　　)

③ 社長 (　　　　　　　　　　) ④ 手 (　　　　　　　　　　)

⑤ 旅行 (　　　　　　　　　　) ⑥ 気分 (　　　　　　　　　　)

[2] 다음 단어를 한자로 써 보세요.

① みせ (　　　　　　　　　　) ② <u>なが</u>い (　　　　　　　　　　)

③ て (　　　　　　　　　　) ④ こうどう (　　　　　　　　　　)

⑤ ぶちょう (　　　　　　　　　　) ⑥ てんき (　　　　　　　　　　)

[3] 다음 밑줄 친 부분의 단어 중 한자로 되어 있는 것은 히라가나로, 히라가나로 되어 있는 것은 한자로 바꿔 써 보세요.

私(わたし)は韓国料理(かんこくりょうり)の<u>店</u>①の<u>店員</u>②です。<u>店長</u>③は<u>げんき</u>④で旅行が<u>好き</u>⑤な人(ひと)です。スポーツはとても<u>上手</u>⑥ですが、歌(うた)は少(すこ)し<u>へた</u>⑦です。

Unit 10 天気(てんき)もよくて、楽(たの)しかったです。

날씨도 좋고, 즐거웠습니다.

학습 목표

1 い형용사의 어간+かったです ~았습니다

2 い형용사의 어간+くなかったです ~지 않았습니다

3 い형용사의 어간+くなくて ~지 않고

4 ~の 中(なか)で ~が 一番(いちばん) ~ですか ~ 중에서 ~이 가장 ~입니까? /
~が 一番(いちばん) ~ ~이 가장 ~

山田　こんにちは。今日(きょう)は 涼(すず)しいですね。

あ、金(キム)さん、昨日(きのう)まで 旅行(りょこう)でしたね。

金　はい、そうでした。

山田　旅行(りょこう)は どうでしたか。

金　天気(てんき)も よくて、楽(たの)しかったです。

そして、物価(ぶっか)も あまり 高(たか)くなくて、みんな 親切(しんせつ)でした。

山田　そうでしたか。よかったですね。

食(た)べ物(もの)の 中(なか)で 何(なに)が 一番(いちばん) おいしかったですか。

金　そうですね。やはり ビールと 焼肉(やきにく)が 一番(いちばん) おいしかったですね。

어휘 및 표현

こんにちは 안녕하세요 *점심에 하는 인사 涼(すず)しい 선선하다 昨日(きのう) 어제 旅行(りょこう) 여행 天気(てんき) 날씨 いい 좋다 楽(たの)しい 즐겁다 そして 그리고 物価(ぶっか) 물가 あまり 그다지, 별로 高(たか)い 비싸다 みんな 모두 親切(しんせつ)だ 친절하다 よかったですね 다행이네요 食(た)べ物(もの) 음식 ~中(なか) ~ 중 何(なに) 무엇 一番(いちばん) 가장, 제일 おいしい 맛있다 そうですね 글쎄요 やはり 역시 ビール 맥주 ~と ~와 焼肉(やきにく) 야키니쿠, 숯불구이 고기

[1] い형용사의 어간+かったです ~았습니다

- 昨日(きのう)は 楽(たの)しかったです。
- その ホテルの 部屋(へや)は 広(ひろ)かったです。
- 映画(えいが)は おもしろかったです。
- 海(うみ)は 本当(ほんとう)に すばらしかったです。

[2] い형용사의 어간+くなかったです ~지 않았습니다

- テストは 難(むずか)しくなかったです。
- 天気(てんき)は あまり よくなかったです。
- その 国(くに)の 物価(ぶっか)は 高(たか)くなかったです。
- 昨日(きのう)は あまり 忙(いそが)しくなかったです。

い형용사의 과거	정중형	보통형
긍정	おいしかったです	おいしかった
부정	おいしくなかったです (=おいしくありませんでした)	おいしくなかった
예외	よかったです よくなかったです (=よくありませんでした)	よかった よくなかった

어휘 및 표현

ホテル 호텔 部屋(へや) 방 広(ひろ)い 넓다 映画(えいが) 영화 おもしろい 재미있다 海(うみ) 바다 本当(ほんとう)に 정말로 すばらしい 멋지다 テスト 테스트, 시험 難(むずか)しい 어렵다 天気(てんき) 날씨 国(くに) 나라 物価(ぶっか) 물가 高(たか)い 비싸다 あまり 그다지, 별로 忙(いそが)しい 바쁘다

[3] い형용사의 어간+くなくて ~지 않고

- あの ホテルは 駅(えき)から 近(ちか)くなくて、部屋(へや)も 広(ひろ)くないです。
- 日本料理(にほんりょうり)は 辛(から)くなくて、甘(あま)いです。
- 日本語(にほんご)の 先生(せんせい)は こわくなくて、優(やさ)しかったです。
- 友達(ともだち)は 頭(あたま)も よくなくて、性格(せいかく)も 悪(わる)いです。

[4] ~の 中(なか)で ~が 一番(いちばん) ~ですか ~ 중에서 ~이 가장 ~입니까? / ~が 一番(いちばん) ~ ~이 가장 ~

- A : 日本料理(にほんりょうり)の 中(なか)で 何(なに)が 一番(いちばん) おいしいですか。
  B : 寿司(すし)が 一番(いちばん) おいしいです。
- A : 旅行地(りょこうち)の 中(なか)で どこが 一番(いちばん) よかったですか。
  B : ジェジュドが 一番(いちばん) よかったです。

어휘 및 표현

近(ちか)い 가깝다 日本(にほん) 일본 料理(りょうり) 요리 辛(から)い 맵다 甘(あま)い 달다 こわい 무섭다
優(やさ)しい 상냥하다 頭(あたま) 머리 性格(せいかく) 성격 悪(わる)い 나쁘다 寿司(すし) 초밥 旅行地(りょこうち) 여행지
ジェジュド(済州島) 제주도

패턴 훈련

[1]

> **보기** 背(せ)が 高(たか)い
>
> ➡ **A** 学生(がくせい)の 時(とき)、背(せ)が 高(たか)かったですか。
>
> **B1** はい、高(たか)かったです。
>
> **B2** いいえ、あまり 高(たか)くなかったです。

① 友達(ともだち)が 多(おお)い

➡ **A** 学生(がくせい)の 時(とき)、＿＿＿＿＿＿＿＿＿＿＿＿＿＿＿＿

B1 はい、＿＿＿＿＿＿＿＿＿＿＿＿＿＿＿＿

② 勉強(べんきょう)が 難(むずか)しい

➡ **A** 学生(がくせい)の 時(とき)、＿＿＿＿＿＿＿＿＿＿＿＿＿＿＿＿

B2 いいえ、＿＿＿＿＿＿＿＿＿＿＿＿＿＿＿＿

③ うちから 学校(がっこう)まで 遠(とお)い

➡ **A** 学生(がくせい)の 時(とき)、＿＿＿＿＿＿＿＿＿＿＿＿＿＿＿＿

B2 いいえ、＿＿＿＿＿＿＿＿＿＿＿＿＿＿＿＿

④ 髪(かみ)が 長(なが)い

➡ **A** 学生(がくせい)の 時(とき)、＿＿＿＿＿＿＿＿＿＿＿＿＿＿＿＿

B2 いいえ、＿＿＿＿＿＿＿＿＿＿＿＿＿＿＿＿

어휘 및 표현

背(せ)が 高(たか)い 키가 크다 学生(がくせい) 학생 ~時(とき) ~ 때 多(おお)い 많다 勉強(べんきょう) 공부
難(むずか)しい 어렵다 うち 집 ~から ~에서, ~부터 学校(がっこう) 학교 ~まで ~까지 遠(とお)い 멀다 髪(かみ) 머리(카락)
長(なが)い 길다

[2]

보기 あの ホテルの 部屋(へや)・狭(せま)い・きれいだ

→ A あの ホテルの 部屋(へや)は どうですか。

B あまり 狭(せま)くなくて、きれいです。

① カフェの 雰囲気(ふんいき)・うるさい・静(しず)かだ

→ A ____________________

B ____________________

② 新(あたら)しい 会社(かいしゃ)の 仕事(しごと)・忙(いそが)しい・暇(ひま)だ

→ A ____________________

B ____________________

[3]

보기 映画(えいが)・何(なに)・おもしろい・「ラブレター」

→ A 映画(えいが)の 中(なか)で 何(なに)が 一番(いちばん) おもしろかったですか。

B「ラブレター」が 一番(いちばん) おもしろかったです。

① 一週間(いっしゅうかん)・いつ・忙(いそが)しい・水曜日(すいようび)

→ A ____________________

B ____________________

② 世界(せかい)・どこ・いい・フランス

→ A ____________________

B ____________________

어휘 및 표현

カフェ 카페 雰囲気(ふんいき) 분위기 うるさい 시끄럽다 新(あたら)しい 새롭다 会社(かいしゃ) 회사 映画(えいが) 영화 何(なに) 무엇 おもしろい 재미있다 ラブレター 러브레터 *일본 영화 제목 一週間(いっしゅうかん) 일주일간 いつ 언제 世界(せかい) 세계 フランス 프랑스

듣기 훈련

[1] 내용을 잘 듣고 내용과 맞으면 O, 틀리면 X를 하세요. 38

① 오늘은 덥습니다. (　　　)

② 저는 이번 주도 매우 바빴습니다. (　　　)

③ 여기는 시끄럽지 않습니다. (　　　)

④ 여기는 요리가 매우 맛있습니다. (　　　)

[2] 대화를 잘 듣고 내용과 맞는 그림을 고르세요. 39

① (　　　)

② (　　　)

③ (　　　)

④ (　　　)

어휘 및 표현

元気(げんき)だ 건강하다, 잘 지내다　暑(あつ)い 덥다　涼(すず)しい 시원하다　先週(せんしゅう) 지난주
にぎやかだ 번화하다, 북적이다　少(すこ)し 조금　でも 하지만　人(ひと) 사람　みんな 모두　優(やさ)しい 상냥하다
犯人(はんにん) 범인　どんな 어떤　女(おんな)の人(ひと) 여자　背(せ)が 高(たか)い 키가 크다　髪(かみ) 머리(카락)　長(なが)い 길다
それから 그다음에, 그리고　顔(かお) 얼굴　大(おお)きい 크다　誰(だれ) 누구

말하기 훈련

★ 우리말로 되어 있는 부분을 일본어로 바꿔 말해 보세요.

木村 李(イ)さん、昨日(きのう)の デートは どうでしたか。

李 (① 매우 즐거웠습니다.)

木村 どんな 人(ひと)でしたか。

李 (② 잘생기고, 상냥한 사람이었습니다.)

木村 (③ 그 사람은 키가 컸습니까?)

李 いいえ、あまり 背(せ)が 高(たか)くなかったです。

木村 レストランの 雰囲気(ふんいき)は どうでしたか。

李 (④ 좋았습니다만, 점원이 그다지 친절하지 않았습니다.)

でも、料理(りょうり)は おいしかったですよ。

い형용사의 어간+かったです ~았습니다 / い형용사의 어간+くなかったです ~지 않았습니다

어휘 및 표현

デート 데이트 どんな 어떤 あまり 그다지, 별로 レストラン 레스토랑 でも 하지만 料理(りょうり) 요리 おいしい 맛있다

い형용사 총정리

[1] い형용사 문형 정리

		긍정	부정
정중형	현재	寒(さむ)いです 춥습니다	寒(さむ)くないです (=寒(さむ)くありません) 춥지 않습니다
	과거	寒(さむ)かったです 추웠습니다	寒(さむ)くなかったです (=寒(さむ)くありませんでした) 춥지 않았습니다
보통형	현재	寒(さむ)い 춥다	寒(さむ)くない 춥지 않다
	과거	寒(さむ)かった 추웠다	寒(さむ)くなかった 춥지 않았다
연결		寒(さむ)くて 춥고	寒(さむ)くなくて 춥지 않고

[2] い형용사 주요 어휘

어휘	뜻
□ おいしい ⇔ まずい	맛있다 ⇔ 맛없다
□ 寒さむい ⇔ 暑あつい	춥다 ⇔ 덥다
□ 冷つめたい ⇔ 熱あつい	차갑다 ⇔ 뜨겁다
□ 長ながい ⇔ 短みじかい	길다 ⇔ 짧다
□ 大おおきい ⇔ 小ちいさい	크다 ⇔ 작다
□ 多おおい ⇔ 少すくない	많다 ⇔ 적다
□ 難むずかしい ⇔ 易やさしい	어렵다 ⇔ 쉽다
□ 新あたらしい ⇔ 古ふるい	새롭다 ⇔ 오래되다, 낡다
□ 広ひろい ⇔ 狭せまい	넓다 ⇔ 좁다
□ 高たかい ⇔ 安やすい	비싸다 ⇔ 싸다
□ 高たかい ⇔ 低ひくい	높다 ⇔ 낮다
□ いい ⇔ 悪わるい	좋다 ⇔ 나쁘다
□ 遠とおい ⇔ 近ちかい	멀다 ⇔ 가깝다
□ 明あかるい ⇔ 暗くらい	밝다 ⇔ 어둡다
□ 重おもい ⇔ 軽かるい	무겁다 ⇔ 가볍다
□ 遅おそい ⇔ 速はやい	느리다 ⇔ 빠르다
□ 強つよい ⇔ 弱よわい	강하다, 세다 ⇔ 약하다
□ かわいい / 優やさしい	귀엽다 / 상냥하다
□ 忙いそがしい / おもしろい	바쁘다 / 재미있다
□ 楽たのしい / つまらない	즐겁다 / 재미없다, 지루하다
□ 涼すずしい / 暖あたたかい	선선하다 / 따뜻하다
□ ほしい / ない	원하다, 갖고 싶다 / 없다
□ 辛からい / 甘あまい	맵다 / 달다
□ さびしい / こわい	쓸쓸하다, 외롭다 / 무섭다
□ すごい / すばらしい	굉장하다 / 멋지다, 훌륭하다

あの 公園(こうえん)の となりに デパートが あります。

저 공원 옆에 백화점이 있습니다.

학습 목표

1 위치명사

2 **どこに ありますか** 어디에 있습니까? /
～の ～に あります ～의 ～에 있습니다

3 **あります** (무생물 · 추상적인 것 · 식물이) 있습니다 /
ありません (무생물 · 추상적인 것 · 식물이) 없습니다

4 조수사②

회화

40

山田　ここから 一番(いちばん) 近(ちか)い 銀行(ぎんこう)は どこですか。

金　銀行(ぎんこう)ですか。「にこにこ銀行(ぎんこう)」が 一番(いちばん) 近(ちか)いですね。

山田　そこは どこに ありますか。

金　ここから 5分(ごふん)ぐらいの 所(ところ)に あります。

あそこに 大(おお)きい 公園(こうえん)が ありますね。

山田　はい。

金　あの 公園(こうえん)の となりに デパートが あります。

山田　そうですか。その デパートの 前(まえ)ですか。

金　いいえ、デパートの 前(まえ)じゃなくて、中(なか)の 1階(いっかい)に あります。

어휘 및 표현

ここ 이곳, 여기　~から ~에서, ~부터　一番(いちばん) 가장, 제일　近(ちか)い 가깝다　銀行(ぎんこう) 은행　どこ 어디
そこ 그곳, 거기　あります (무생물 · 추상적인 것 · 식물이) 있습니다　~分(ふん) ~분　~ぐらい ~정도　所(ところ) 곳　~に ~에
あそこ 저곳, 저기　大(おお)きい 크다　公園(こうえん) 공원　となり 옆, 이웃　デパート 백화점　前(まえ) 앞　中(なか) 안
~階(かい) ~층

포인트 문법

[1] 위치명사

上(うえ)	下(した)	右(みぎ)	左(ひだり)
위	아래, 밑	오른쪽	왼쪽
中(なか)	外(そと)	前(まえ)	後(うし)ろ
안	밖	앞	뒤
間(あいだ)	そば / 近(ちか)く	となり	向(む)かい
사이	곁 / 근처	옆, 이웃	맞은편

[2] どこに ありますか 어디에 있습니까? / ～の ～に あります ～의 ～에 있습니다

- A: トイレは どこに ありますか。
  B: コンビニの 左(ひだり)に あります。
- A: 机(つくえ)の 上(うえ)に 何(なに)が ありますか。
  B: 机(つくえ)の 上(うえ)に 本(ほん)と パソコンが あります。
- A: 本屋(ほんや)は どこに ありますか。
  B: 本屋(ほんや)は 花屋(はなや)と スーパーの 間(あいだ)に あります。
- 公園(こうえん)の 近(ちか)くに 有名(ゆうめい)な カフェが あります。
- 図書館(としょかん)の 後(うし)ろに 私(わたし)の 車(くるま)が あります。

어휘 및 표현

トイレ 화장실　コンビニ 편의점　左(ひだり) 왼쪽　机(つくえ) 책상　本(ほん) 책　パソコン (개인용) 컴퓨터　本屋(ほんや) 서점　花屋(はなや) 꽃집　スーパー 슈퍼　間(あいだ) 사이　公園(こうえん) 공원　近(ちか)く 근처　有名(ゆうめい)だ 유명하다　カフェ 카페　図書館(としょかん) 도서관　後(うし)ろ 뒤　車(くるま) 자동차

[3] あります (무생물 · 추상적인 것 · 식물이) 있습니다 / ありません (무생물 · 추상적인 것 · 식물이) 없습니다

- A : 今日(きょう)は 約束(やくそく)が ありますか。
  B : いいえ、ありません。
- 明日(あした)は 日本語(にほんご)の テストが あります。
- 木村(きむら)さんは お金(かね)が たくさん あります。お金持(かねも)ちです。
- 駅(えき)の 近(ちか)くに コンビニが あります。

[4] 조수사②

～かい ～階	いっかい 1階	にかい 2階	さんがい 3階
よんかい 4階	ごかい 5階	ろっかい 6階	ななかい 7階
はっかい・はちかい 8階	きゅうかい 9階	じゅっかい 10階	なんがい・なんかい 何階

- 郵便局(ゆうびんきょく)は デパートの 1階(いっかい)に あります。
- 駅(えき)の 2階(にかい)に カフェが あります。

어휘 및 표현

約束(やくそく) 약속　お金(かね) 돈　たくさん 많이　お金持(かねも)ち 부자　駅(えき) 역　郵便局(ゆうびんきょく) 우체국

패턴 훈련

[1]

보기 銀行(ぎんこう)・デパートの となり
→ A 銀行(ぎんこう)は どこに ありますか。
B 銀行(ぎんこう)は デパートの となりに あります。

① 病院(びょういん)・あの ビルの となり

→ A ____________________

B ____________________

② 図書館(としょかん)・「にこにこ日本語学校(にほんごがっこう)」の 後(うし)ろ

→ A ____________________

B ____________________

[2]

보기 椅子(いす)の 下(した)・靴(くつ)
→ A 椅子(いす)の 下(した)に 何(なに)が ありますか。
B 椅子(いす)の 下(した)に 靴(くつ)が あります。

① テーブルの 上(うえ)・雑誌(ざっし)と 本(ほん)

→ A ____________________

B ____________________

② ポケットの 中(なか)・財布(さいふ)と スマホ

→ A ____________________

B ____________________

어휘 및 표현

となり 옆, 이웃 病院(びょういん) 병원 ビル 빌딩 椅子(いす) 의자 下(した) 아래, 밑 靴(くつ) 신발, 구두 何(なに) 무엇
テーブル 테이블 上(うえ) 위 雑誌(ざっし) 잡지 ポケット 주머니 財布(さいふ) 지갑 スマホ 스마트폰

[3]

보기 今日(きょう)は 時間(じかん)

➡ A 今日(きょう)は 時間(じかん)が ありますか。

B1 はい、あります。

B2 いいえ、ありません。

① 家(いえ)の そばに 駅(えき)

➡ A ______________________

B2 いいえ、______________________

② 明日(あした)は 日本語(にほんご)の テスト

➡ A ______________________

B1 はい、______________________

[4]

보기 花屋(はなや)・デパートの 3階

➡ A 花屋(はなや)は 何階(なんがい)に ありますか。

B デパートの さんがいに あります。

① トイレ・6階

➡ A ______________________

B ______________________

② ゲームセンター・映画館(えいがかん)の 1階

➡ A ______________________

B ______________________

어휘 및 표현

時間(じかん) 시간 家(いえ) 집 そば 곁 駅(えき) 역 花屋(はなや) 꽃집 ～階(かい) ～층 何階(なんがい) 몇 층 トイレ 화장실
ゲームセンター 게임센터, 오락실 映画館(えいがかん) 영화관

듣기 훈련

[1] 내용을 잘 듣고 (　　　) 안에 누구의 방인지 이름을 써 넣으세요. 41

「にこにこ日本語学校(にほんごがっこう)」の寮(りょう)

201	202	203	204
① (　　　)	② (　　　)	金(キム)(私(わたし))	③ (　　　)
101	102	103	104
鈴木(すずき)	④ (　　　)	⑤ (　　　)	中村(なかむら)

[2] 대화를 잘 듣고 사물이 있는 위치에 번호를 써 넣으세요. 42

어휘 및 표현

寮(りょう) 기숙사 部屋(へや) 방 となり 옆, 이웃 下(した) 아래, 밑 上(うえ) 위 ノートパソコン 노트북 机(つくえ) 책상 ソファー 소파 窓(まど) 창문 前(まえ) 앞 ありません (무생물 · 추상적인 것 · 식물이) 없습니다 テレビ 텔레비전, TV 新聞(しんぶん) 신문 ベッド 침대 箱(はこ) 상자 テーブル 테이블 間(あいだ) 사이

말하기 훈련

★ 사람이 어느 위치에 있는지 보기와 같이 묻고 답해 보세요.

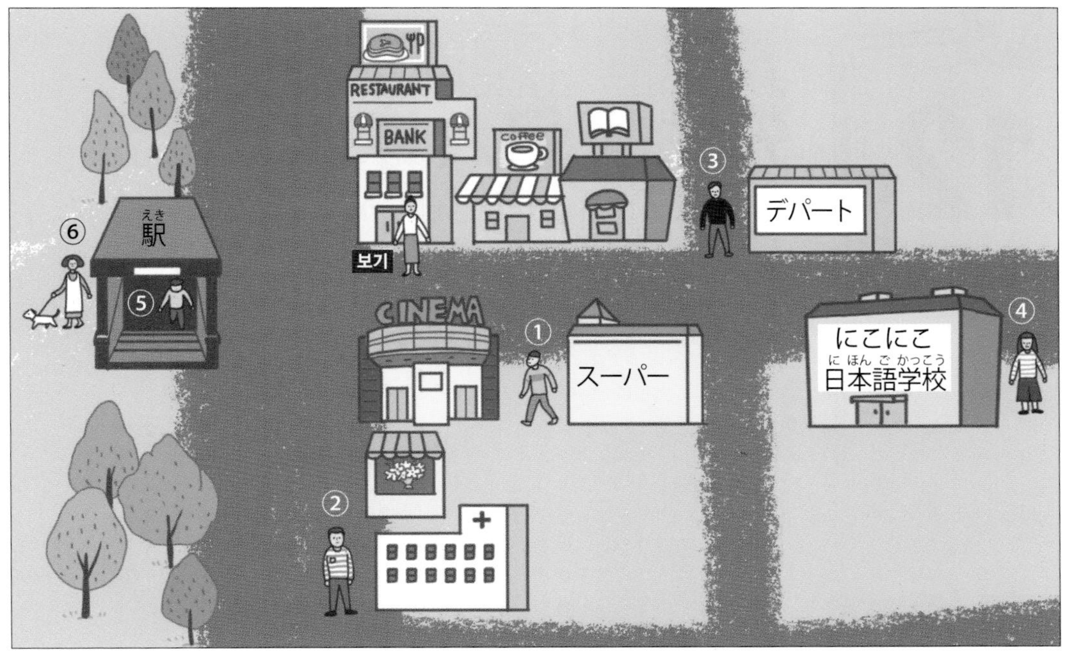

 A あなたは 今(いま)、どこですか。

B 銀行(ぎんこう)の 前(まえ)です。

A 銀行(ぎんこう)は どこに ありますか。

B 映画館(えいがかん)の 前(まえ)に あります。

Tip

どこに ありますか 어디에 있습니까? / ～の ～に あります ～의 ～에 있습니다

어휘 및 표현

デパート 백화점 スーパー 슈퍼 今(いま) 지금 銀行(ぎんこう) 은행 映画館(えいがかん) 영화관

Unit

12 先生(せんせい)は 何人(なんにん) 家族(かぞく)ですか。

선생님은 가족이 몇 명입니까?

학습 목표

1 가족 호칭

2 何人(なんにん) 家族(かぞく)ですか 가족이 몇 명입니까?

3 います (사람·동물이) 있습니다 / いません (사람·동물이) 없습니다

4 ～から ～이기 때문에 *원인·이유

회화

43

金　失礼(しつれい)ですが、先生(せんせい)は 何人(なんにん) 家族(かぞく)ですか。

先生　父(ちち)と 母(はは)と 主人(しゅじん)と 娘(むすめ) 一人(ひとり)と 息子(むすこ) 二人(ふたり)と 私(わたし)の 7人(しちにん) 家族(かぞく)です。

金　家族(かぞく)が 多(おお)いですね。ご主人(しゅじん)は どんな 人(ひと)ですか。

先生　とても 優(やさ)しくて 明(あか)るい 人(ひと)です。

金　そうですか。あ、ペットは いませんか。

先生　いますよ。犬(いぬ)が 1匹(いっぴき) います。名前(なまえ)は「とうふ」です。

金　ハハハ、おもしろくて かわいい 名前(なまえ)ですね。

先生　金(キム)さんは 何人(なんにん) 兄弟(きょうだい)ですか。

金　姉(あね)が 一人(ひとり) います。今(いま) 日本(にほん)に いますから、ちょっと さびしいです。

어휘 및 표현

失礼(しつれい)ですが 실례입니다만　何人(なんにん) 몇 명　家族(かぞく) 가족, 식구　父(ちち) (자신의) 아버지　～と ～와　母(はは) (자신의) 어머니　主人(しゅじん) (자신의) 남편　娘(むすめ) (자신의) 딸　息子(むすこ) (자신의) 아들　多(おお)い 많다　ご主人(しゅじん) (남의) 남편　明(あか)るい 밝다, 명랑하다　ペット 애완동물, 반려동물　いません (사람 · 동물이) 없습니다　います (사람 · 동물이) 있습니다　犬(いぬ) 개　～匹(ひき) ～마리　とうふ 토후, 두부　かわいい 귀엽다, 예쁘다　兄弟(きょうだい) 형제　姉(あね) (자신의) 누나, 언니　～から ～이기 때문에 *원인 · 이유　ちょっと 조금, 좀　さびしい 쓸쓸하다, 외롭다

포인트 문법

[1] 가족 호칭

뜻	남의 가족을 말할 때	자신의 가족을 남에게 말할 때	자신의 가족을 직접 대면하고 부를 때
(외)할아버지	おじいさん	祖父(そふ)	おじいさん
(외)할머니	おばあさん	祖母(そぼ)	おばあさん
아버지	お父(とう)さん	父(ちち)	お父(とう)さん
어머니	お母(かあ)さん	母(はは)	お母(かあ)さん
양친, 부모	ご両親(りょうしん)	両親(りょうしん)	*
형, 오빠	お兄(にい)さん	兄(あに)	お兄(にい)さん
누나, 언니	お姉(ねえ)さん	姉(あね)	お姉(ねえ)さん
남동생	弟(おとうと)さん	弟(おとうと)	이름
여동생	妹(いもうと)さん	妹(いもうと)	이름
남편	ご主人(しゅじん)	主人(しゅじん)	あなた
아내	奥(おく)さん	妻(つま)	*
아들	息子(むすこ)さん	息子(むすこ)	이름
딸	娘(むすめ)さん	娘(むすめ)	이름

어휘 및 표현

何人(なんにん) 몇 명 家族(かぞく) 가족, 식구 兄弟(きょうだい) 형제 一人(ひとり)っ子(こ) 외동 家(いえ) 집 今(いま) 지금
会議室(かいぎしつ) 회의실 教室(きょうしつ) 교실 誰(だれ)も 아무도 彼(かれ) 그, 남자 친구 アメリカ 미국

[2] 何人(なんにん) 家族(かぞく)ですか 가족이 몇 명입니까?

- A：山田(やまだ)さんは 何人(なんにん) 家族(かぞく)ですか。
  B：父(ちち)と 母(はは)と 姉(あね) 一人(ひとり)と 私(わたし)の 4人(よにん) 家族(かぞく)です。
- A ：木村(きむら)さんは 何人(なんにん) 兄弟(きょうだい)ですか。
  B1：兄(あに) 一人(ひとり)と 弟(おとうと) 一人(ひとり)と 私(わたし)の 三人(さんにん) 兄弟(きょうだい)です。
  B2：私(わたし)は 一人(ひとり)っ子(こ)です。

一人(ひとり)っ子(こ)：외동

＊山田(やまだ)さんの ご家族(かぞく)は 何人(なんにん)ですか。

[3] います (사람 · 동물이) 있습니다 / いません (사람 · 동물이) 없습니다

- 山田(やまだ)さんは 妹(いもうと)さんが 二人(ふたり) います。
- 私(わたし)の 家(いえ)には 犬(いぬ)が いません。
- 木村(きむら)さんは 今(いま)、会議室(かいぎしつ)に います。
- 教室(きょうしつ)には 誰(だれ)も いません。

[4] ～から ～이기 때문에 ＊원인 · 이유

- 彼(かれ)が 今(いま) アメリカに いますから、とても さびしいです。
- 息子(むすこ)が 二人(ふたり)も いますから、私(わたし)の うちは いつも うるさいです。
- 兄弟(きょうだい)が 多(おお)いですから、両親(りょうしん)が 大変(たいへん)です。
- ビールが とても 冷(つめ)たいですから、おいしいですよ。

어휘 및 표현

息子(むすこ) (자신의) 아들　～も ～이나　うち 집　いつも 항상, 늘　うるさい 시끄럽다　多(おお)い 많다
両親(りょうしん) (자신의) 양친, 부모　大変(たいへん)だ 힘들다, 큰일이다　ビール 맥주　冷(つめ)たい 차갑다

패턴 훈련

[1]

보기

A あなたは何人(なんにん)家族(かぞく)ですか。

B 妻(つま)と息子(むすこ)二人(ふたり)と娘(むすめ)一人(ひとり)と私(わたし)の5人(ごにん)家族(かぞく)です。

①

A あなたは何人(なんにん)家族(かぞく)ですか。

B ____________________

②

A 木村(きむら)さんは何人(なんにん)家族(かぞく)ですか。

B ____________________

③

A 田中(たなか)さんは何人(なんにん)家族(かぞく)ですか。

B ____________________

어휘 및 표현

あなた 당신 妻(つま) (자신의) 아내 息子(むすこ) (자신의) 아들 娘(むすめ) (자신의) 딸 祖父(そふ) (자신의) 할아버지
祖母(そぼ) (자신의) 할머니 父(ちち) (자신의) 아버지 母(はは) (자신의) 어머니 主人(しゅじん) (자신의) 남편

[2]

보기 山田(やまだ)さん・教室(きょうしつ)

➡ A 山田(やまだ)さんは今(いま)、どこにいますか。

B 教室(きょうしつ)にいます。

① 中村(なかむら)さん・図書館(としょかん)

➡ A ______________________

B ______________________

② 木村(きむら)さん・会議室(かいぎしつ)

➡ A ______________________

B ______________________

[3]

보기 日本語(にほんご)のテスト・難(むずか)しかったです

➡ A 日本語(にほんご)のテストはどうでしたか。

B 難(むずか)しかったですから、大変(たいへん)でした。

① 旅行(りょこう)・ホテルの部屋(へや)が狭(せま)かったです

➡ A ______________________

B ______________________

② 出張(しゅっちょう)・忙(いそが)しかったです

➡ A ______________________

B ______________________

어휘 및 표현

教室(きょうしつ) 교실 図書館(としょかん) 도서관 会議室(かいぎしつ) 회의실 難(むずか)しい 어렵다
大変(たいへん)だ 힘들다, 큰일이다 狭(せま)い 좁다 出張(しゅっちょう) 출장

[1] 대화를 잘 듣고 내용과 맞는 그림을 고르세요. 44

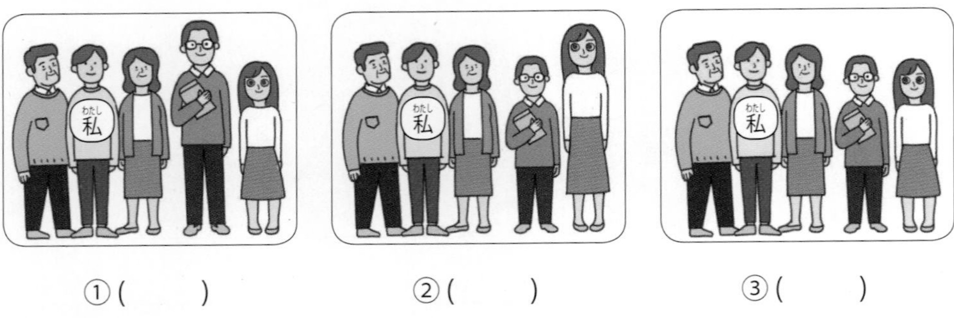

① (　　)　② (　　)　③ (　　)

[2] 대화를 잘 듣고 다음 네 사람이 어디에 있는지 찾아 보세요. 45

① 山田(やまだ) (　　)　② 木村(きむら) (　　)　③ 朴(パク) (　　)　④ 金(キム) (　　)

어휘 및 표현

父(ちち) (자신의) 아버지　母(はは) (자신의) 어머니　兄(あに) (자신의) 형, 오빠　姉(あね) (자신의) 누나, 언니
お兄(にい)さん (남의) 형, 오빠　背(せ)が 高(たか)い 키가 크다　頭(あたま)が いい 머리가 좋다　お姉(ねえ)さん (남의) 누나, 언니
背(せ)が 低(ひく)い 키가 작다　目(め) 눈　後(うし)ろ 뒤　となり 옆, 이웃　前(まえ) 앞　右(みぎ) 오른쪽

말하기 훈련

★ 우리말로 되어 있는 부분을 일본어로 바꿔 말해 보세요.

中村　はじめまして。私(わたし)は 中村(なかむら)です。

朴　はじめまして。朴(パク)です。

中村　失礼(しつれい)ですが、 お仕事(しごと)は 何(なん)ですか。

朴　会社員(かいしゃいん)です。

中村　(① 박 씨는 가족이 몇 명입니까?)

朴　(② 할아버지와 할머니와 아버지와 어머니와 저 다섯 식구입니다.)

中村　(③ 박 씨는 외동이군요. 아버지는 어떤 사람입니까?)

朴　(④ 아버지는 상냥하고, 잘생겼습니다.)

(⑤ 지금 미국에 있기 때문에 좀 외롭습니다.)

います (사람 · 동물이) 있습니다 / いません (사람 · 동물이) 없습니다 / ～から ～이기 때문에 *원인 · 이유

어휘 및 표현

はじめまして 처음 뵙겠습니다　失礼(しつれい)ですが 실례입니다만　お 존경 · 공손 · 친밀의 뜻을 나타냄　仕事(しごと) 일, 직업

한자 훈련 4 Unit 10~12

所
바 **소**

所所所所所所所所所

관련어휘 場所(ばしょ) 장소 近所(きんじょ) 근처 所(ところ) 곳

時
때 **시**

時時時時時時時時時

관련어휘 時間(じかん) 시간 ～時(じ) ～시 ～時(とき) ～때 時計(とけい) 시계

画
그림 **화**, 그을 **획**

画画画画画画画画画

관련어휘 映画館(えいがかん) 영화관 画面(がめん) 화면 計画(けいかく) 계획

近
가까울 **근**

近近近近近近近近近

관련어휘 最近(さいきん) 최근 近来(きんらい) 근래, 요사이 近(ちか)い 가깝다

楽
즐길 **락**, 풍류 **락**

楽楽楽楽楽楽楽楽楽

관련어휘 音楽(おんがく) 음악 楽(らく)だ 편안하다 楽(たの)しい 즐겁다

[1] 다음 단어를 히라가나로 써 보세요.

① 時間 ( ) ② 最近 ( )

③ 音楽 ( ) ④ 場所 ( )

⑤ 時計 ( ) ⑥ 計画 ( )

[2] 다음 단어를 한자로 써 보세요.

① きんじょ ( ) ② えいが ( )

③ ちかい ( ) ④ じかん ( )

⑤ たのしい ( ) ⑥ らくだ ( )

[3] 다음 밑줄 친 부분의 단어 중 한자로 되어 있는 것은 히라가나로, 히라가나로 되어 있는 것은 한자로 바꿔 써 보세요.

さいきん①、クラシックおんがく②が好(す)きです。そして映画③も大好(だいす)きです。家(いえ)から近い④ところ⑤に映画館⑥があります。それで時間⑦があるとき⑧はいつもえいがかん⑨にいます。

부록

★ 본문 회화 해석

★ 패턴 훈련 정답

★ 듣기 훈련 스크립트&정답

★ 말하기 훈련 정답

★ 한자 훈련 정답

Unit 01

はじめまして。

처음 뵙겠습니다.

본문 회화 해석 ▸ p.29

김　　：처음 뵙겠습니다. 저는 김입니다.
　　　　아무쪼록 잘 부탁드립니다.
야마다：처음 뵙겠습니다. 저는 야마다이고, 일본인입니다.
　　　　김 씨는 학생입니까?
김　　：예, 그렇습니다. 야마다 씨도 학생입니까?
야마다：아니요, 저는 학생이 아닙니다. 회사원입니다.
　　　　김 씨는 중국인입니까?
김　　：아니요, 저는 중국인이 아니고, 한국인입니다.

패턴 훈련 정답 ▸ p.32

[1]

① 木村さんは 日本人です。
② 彼は 大学生です。
③ 僕は 歌手です。

[2]

① 彼は 中国人ですか。
　中国人です。
② 山田さんは 会社員ですか。
　会社員じゃないです。
③ 朴さんは 医者ですか。
　医者じゃないです。

[3]

① 鈴木さんは 日本人で、大学生です。
② 彼は 中国人で、高校生です。
③ サラさんは フランス人で、俳優です。

[4]

① 私は アメリカ人じゃなくて、イギリス人です。
② 僕は 銀行員じゃなくて、会社員です。
③ 田中さんは 看護師じゃなくて、医者です。

듣기 훈련 스크립트&정답 ▸ p.34

스크립트

[1] 11

① A：はじめまして。私は 朴です。
　　どうぞ よろしく おねがいします。
　B：はじめまして。僕は 鈴木で、にほんじんです。
② A：朴さんは だいがくせいですか。
　B：いいえ、私は だいがくせいじゃなくて、かいしゃいんです。
③ 彼女は ちゅうごくじんで、高校生です。

[2] 12

① A：マリーさんは アメリカ人ですか。
　B：はい、そうです。
　A：そうですか。じゃ、俳優ですか。
　B：いいえ、俳優じゃないです。歌手です。
② A：李さんは 中国人ですか。
　B：いいえ、中国人じゃなくて、韓国人です。
　A：そうですか。じゃ、大学生ですか。
　B：いいえ、大学生じゃなくて、会社員です。

정답

[1]

① どうぞ よろしく おねがいします
　にほんじんです
② だいがくせいですか
　だいがくせい
　かいしゃいんです
③ ちゅうごくじん

[2]

① ⓐ, ⓓ
② ⓑ, ⓒ

말하기 훈련 정답 ▸ p.35

李　はじめまして。(① 저는 이입니다. – 私は 李です。)
(② 아무쪼록 잘 부탁드립니다. – どうぞ よろしく お願いします。)

木村　はじめまして。(③ 저는 기무라이고, 일본인입니다. – 私は 木村で、日本人です。)
李さんは 会社員ですか。

李　はい、そうです。(④ 기무라 씨도 회사원입니까? – 木村さんも 会社員ですか。)

木村　(⑤ 아니요, 저는 회사원이 아닙니다. – いいえ、私は 会社員じゃないです。) 学生です。
李さんは 中国人ですか。

李　(⑥ 아니요, 저는 중국인이 아니고, 한국인입니다. – いいえ、私は 中国人じゃなくて、韓国人です。)

Unit 02
ここは どこですか。
여기는 어디입니까?

본문 회화 해석 ▸ p.37

김　　: 실례합니다. 여기는 어디입니까?
나카무라 : 여기는 '니코니코 일본어교실'입니다.
김　　: 죄송합니다만, 이 교실의 선생님은 일본인입니까?
나카무라 : 초급은 한국 선생님입니다만, 중급은 일본 선생님입니다.
김　　: 아, 그렇습니까? 그것은 무엇입니까?
나카무라 : 이것 말입니까? 이것은 일본어 책입니다. 괜찮다면 보세요.

패턴 훈련 정답 ▸ p.40

[1]

① それは 誰のですか。
　私の パンです。
② あれは 誰のですか。
　私の 友達の 時計です。

[2]

① その 弁当は 木村さんのですか。
　この 弁当は 木村さんのです。
② あの 本は 先生のですか。
　あの 本は 先生のじゃないです。

[3]

① 私の 彼ですが。
　私の 彼ですけど。
② その カメラは 山田さんのですが。
　その カメラは 山田さんのですけど。

[4]

① 金です。
② 会社員です。
③ B型です。

듣기 훈련 스크립트&정답 ▸ p.42

스크립트

[1] (14)

① A : すみません。わたしのは どれですか。
　B : それが あなたのです。
② あの ひとは にほんごの せんせいじゃないです。英語の 先生です。
③ こちらは かんこくの キムチです。よかったら、どうぞ。

[2] (15)

① A : 李さん、それは 何ですか
　B : これは 私の 弁当です。
② A : この おにぎりも 李さんのですか。
　B : いいえ、それは 私のじゃないです。先生のです。
③ A : それじゃ、私の 弁当は どれですか。
　B : 木村さんの 弁当は…。この パンを どうぞ。
④ A : その コーヒーは 誰のですか。
　B : この コーヒーは 山田さんのです。

정답

[1]

① わたしのは どれですか。

② あの ひとは にほんごの せんせいじゃないです。

③ こちらは かんこくの キムチです。

[2]

① 李 ー ⓓ

② 先生 ー ⓐ

③ 木村 ー ⓑ

④ 山田 ー ⓒ

말하기 훈련 정답 ▸ p.43

[1]

A : (① 죄송합니다만, ー すみませんが、) エレベーターは どちらですか。

B : エレベーターですか。(② 이쪽입니다. ー こちらです。)

[2]

A : 事務所は (① 여기입니까? ー ここですか。)

B : (② 예, 여기입니다. ー はい、ここです。)

[3]

A : 田中さんは 誰ですか。

B : (저 사람이 다나카 씨입니다. ー あの 人が 田中さんです。)

[4]

A : トイレは どちらですか。

B : (화장실은 저쪽입니다. ー トイレは あちらです。)

Unit 03
電話番号は 何番ですか。
전화번호는 몇 번입니까?

본문 회화 해석 ▸ p.45

김 : 실례입니다만, 야마다 씨의 전화번호는 몇 번입니까?

야마다 : 제 번호는 010-1234-5678입니다.

김 : 010-1234-5678이군요.
제 번호는 010-2718-1416입니다.
회사 주소도 부탁드립니다.

야마다 : 회사 주소는 '종로구 종로 835에 6'입니다.

김 : 830에 5입니까?

야마다 : 아니요, 8, 3, 5에 6입니다.

패턴 훈련 정답 ▸ p.48

[1]

① さんじゅうなな

② よんじゅうに

③ ごじゅうよん

④ はちじゅうろく

[2]

① 駅の 電話番号は 何番ですか。
ゼロさんの さんよんごにの ななろくいちいちです。

② 吉田さんの ケータイ番号は 何番ですか。
ゼロきゅうゼロの さんきゅうさんきゅうの よんろくよんきゅうです。

③ 朴さんの 部屋の 番号は 何番ですか。
ろくまるはちです。

[3]

① に、じゅう、きゅうひゃく、ろくせん、ろくせんきゅうひゃくじゅうに

② ろく、よんじゅう、さんびゃく、はっせん、はっせんさんびゃくよんじゅうろく

[4]

① これは あなたの 部屋の 番号じゃないですね。

② お久しぶりですね。

③ この 字が「ひらがな」ですね。

듣기 훈련 스크립트&정답 ▸ p.50

스크립트

[1] 17

① はち
② じゅうよん
③ ひゃくろくじゅう
④ さんぜん
⑤ いちまんにせんはっぴゃく

[2] 18

① きゅうじゅうよん
② さんびゃくにじゅう
③ はっぴゃくじゅうご
④ さんぜんろっぴゃく
⑤ いちまんろくせんひゃくよんじゅうきゅう

정답

[1]

① 8
② 14
③ 160
④ 3,000
⑤ 12,800

[2]

① 94
② 320
③ 815
④ 3,600
⑤ 16,149

한자 훈련 1 Unit 01~03 ▸ p.52

정답

[1]

① かいしゃ
② にほんじん
③ かんこく
④ がっこう
⑤ かいぎ
⑥ ひと

[2]

① 韓国人
② 本
③ 大学
④ 会社
⑤ 中国
⑥ 社会

[3]

① 人
② 学校
③ 日本人
④ 学生

Unit 04
授業は 何時から 何時までですか。
수업은 몇 시부터 몇 시까지입니까?

본문 회화 해석 ▸ p.55

김 : 요시다 씨, 오늘 수업은 몇 시부터 몇 시까지입니까?
요시다 : 오후 2시 반부터 4시까지입니다.
김 : 어떤 수업입니까?
요시다 : 영어 수업입니다.
김 씨의 일본어 수업은 언제입니까?
김 : 목요일이고, 10시부터 11시 30분까지입니다.
요시다 : 그렇습니까? 수업, 열심히 하세요.

패턴 훈련 정답 ▸ p.58

[1]

① くじ よんじゅっぷんです。

② さんじ じゅうごふんです。

③ じゅうにじ ごじゅうごふんです(=いちじ ごふん まえです)。

④ よじ さんじゅっぷんです(=よじ はんです)。

⑤ はちじ よんじゅうごふんです。

[2]

① 映画は 何時から 何時までですか。
映画は 午後 しちじ にじゅっぷんから くじ じゅっぷんまでです。

② デパートは 何時から 何時までですか。
デパートは 午前 じゅうじから 午後 はちじまでです。

[3]

① 休みは きんようびまでですか。
休みは きんようびまでじゃなくて、もくようびまでです。

② 約束は どようびの さんじですか。
約束は どようびの さんじじゃなくて、にちようびの さんじです。

듣기 훈련 스크립트&정답 ▸ p.60

스크립트

[1] (🎧 20)

① A : すみません。今、何時ですか。
B : 8時 45 分です。

② A : すみません。今、何時ですか。
B : 12時 5分 前です。

③ A : すみません。今、何時ですか。
B : 7時 10分です。

④ A : すみません。テストは 何時から 何時までですか。
B : 2時から 4時までです。

[2] (🎧 21)

A : 李さん、授業は 何時からですか。
B : 10時からです。
A : ランチタイムは?
B : 12時 30 分からです。
A : それじゃ、テストは?
B : テストは 4時 半からです。
A : 大変ですね。バイトは 何時からですか。
B : 午後 6時からです。6時から 10時までです。

정답

[1]

① 8時 45 分
② 12時 5分 前
③ 7時 10分
④ 2時から 4時まで

[2]

① ランチタイム ー ⓓ 12時 半
② バイト ー ⓒ 午後 6時
③ 授業 ー ⓐ 10時
④ テスト ー ⓑ 4時 30 分

말하기 훈련 정답 ▸ p.61

フロント	こんばんは。「にこにこホテル」です。(① 이름은 무엇입니까? ー お名前は 何ですか。)
朴	(② 저는 박입니다. ー 私は 朴です。) チェックインは (③ 몇 시부터입니까? ー 何時からですか。)
フロント	(④ 오후 3시부터입니다. ー 午後 3時からです。)
朴	チェックアウトは 11 時までですか。
フロント	(⑤ 아니요, 11시까지가 아니고, 12시까지입니다. ー いいえ、11 時までじゃなくて、12時までです。)
朴	そうですか。朝食は 何時からですか。
フロント	(⑥ 6시 반부터 9시 반까지입니다. ー 6時 半から 9時 半までです。)

Unit 05
山田さんの お誕生日は いつですか。
야마다 씨의 생일은 언제입니까?

본문 회화 해석 ▸ p.63

야마다 : 김 씨, 오랜만입니다.
어머, 그 상자는 무엇입니까?
김 : 아, 이것 말입니까? 실은 오늘 제 생일입니다.
친구로부터의 선물입니다.
야마다 : 아, 그렇습니까? 축하합니다.
10월 9일, '한글날'이 생일이군요.
김 : 예, 그래서 제 생일은 늘 휴일이었습니다.
야마다 씨의 생일은 언제입니까?
야마다 : 제 생일은 지난주 금요일이었습니다.

패턴 훈련 정답 ▸ p.66

[1]

① 誕生日は いちがつ じゅうしちにちです。
② 「クリスマス」は じゅうにがつ にじゅうごにちです。
③ 「ハングルの日」は じゅうがつ ここのかです。
④ テストは げつようびから すいようびまでです。
⑤ 夏休みは しちがつ じゅうよっかから はちがつ にじゅうくにちまでです。
⑥ 旅行は じゅうがつ みっかから じゅうがつ ようかまでです。

[2]

① 明日は 何曜日ですか。
明日は もくようびです。
② 今週の 土曜日は 何日ですか。
今週の 土曜日は とおかです。

[3]

① 先週の 火曜日は 何日でしたか。
先週の 火曜日は ふつかでした。
② 先月は 何月でしたか。
先月は じゅういちがつでした。

듣기 훈련 스크립트&정답 ▸ p.68

스크립트

[1] (🎧 23)

私は 朴です。10月 4日は 私の 誕生日です。今年の 私の 誕生日は 金曜日でした。今日は 10月 8日で、明日は 友達の 山田の 誕生日です。山田の 誕生日は「ハングルの日」です。

[2] (🎧 24)

① 今日は 4月 2日 水曜日です。
② 私の 誕生日は 来週の 木曜日です。
③ 李さんの 誕生日は 昨日でした。
④ 明日から 来週の 8日まで 休みです。
⑤ テストは 4月 14日から 17 日までです。

정답

[1]

① 10月 4日です。
② 金曜日でした。
③ 10月 9日で、「ハングルの日」です。

[2]

① 2
② 10
③ 1
④ 3, 4, 5, 6, 7, 8
⑤ 14, 15, 16, 17

Unit 06
きつねそばを 一つ ください。
유부메밀국수를 하나 주세요.

본문 회화 해석 ▸ p.71

점원 : 어서 오십시오. 주문을 부탁드립니다.
야마다 : 유부메밀국수를 하나 주세요. 김 씨는요?
김 : 저는 된장라면을 하나 부탁드립니다.
점원 : 유부우동 하나와 된장라면 하나죠?

야마다 : 아, 유부우동이 아니에요.
점원 : 네? 유부우동이 아니었습니까?
실례했습니다. 유부우동이 아니고, 유부메밀국수네요.
야마다 : 예. 전부 합해서 얼마입니까?
점원 : 전부 합해서 1,600엔입니다.

패턴 훈련 정답 ▸ p.74

[1]

① よにんです。
② みっつです。
③ ろっぽんです。
④ はっこです。

[2]

① 生(なま)ビールを ふたつ ください。いくらですか。
ななひゃくよんじゅう円(えん)です。
② ハンバーガーを よっつと コーラを ひとつ ください。いくらですか。
せんにひゃくさんじゅう円(えん)です。

[3]

① ご注文(ちゅうもん)は ジュースでしたか。
いいえ、ジュースじゃなかったです。ココアでした。
② 男(おとこ)の人(ひと)は ふたりでしたか。
いいえ、ふたりじゃなかったです。よにんでした。

듣기 훈련 스크립트&정답 ▸ p.76

스크립트

[1] (26)

①子供(こども)は 四人(よにん)です。
② 女(おんな)の子(こ)は 二人(ふたり)です。
③ パンは 三個(さんこ)です。
④ みかんは 二(ふた)つです。

[2] (27)

C : いらっしゃいませ。ご注文(ちゅうもん)を どうぞ。
A : サンドイッチを 一(ひと)つ ください。木村(きむら)さんは?
B : 私(わたし)は チーズケーキを 一(ひと)つと アイスコーヒーを 一(ひと)つ ください。
C : サンドイッチ 一(ひと)つと チーズケーキ 一(ひと)つ、アイスコーヒー 一(ひと)つですね。
A : はい。
C : 全部(ぜんぶ)で 1,800円(せんはっぴゃくえん)です。

정답

[1]

① ○
② ×
③ ○
④ ×

[2]

① ⓐ 一(ひと)つ
② ⓑ 二人(ふたり)
③ ⓒ 1,800円(せんはっぴゃくえん)

말하기 훈련 정답 ▸ p.77

店員 (① 어서 오세요. – いらっしゃいませ。)
ご注文(ちゅうもん)を どうぞ。こちらは メニューです。
金 (② 카레 하나와 커피 두 개를 주세요. – カレー 一(ひと)つ とコーヒー 二(ふた)つを ください。)
(③ 얼마입니까? – いくらですか。)
店員 (④ 전부 합해서 1,650엔입니다. – 全部(ぜんぶ)で 1,650円(せんろっぴゃくごじゅうえん)です。)
ありがとうございました。

한자 훈련 2 Unit 04~06 ▸ p.78

정답

[1]

① たんじょうび

② こんしゅう

③ ちゅうもん

④ きんようび

⑤ ぜんぶ

⑥ あんぜん

[2]

① 注意

② 中学生

③ 料金

④ 先週

⑤ 生ヒール

⑥ 注目

[3]

① 誕生日

② 来週

③ 金曜日

④ 注文

⑤ 全部

Unit 07

とても きれいな ところです。

매우 깨끗한 곳입니다.

본문 회화 해석 ▸ p.81

김 : 야마다 씨, 이 마을은 어디입니까?

야마다 : 아, 여기는 규슈의 미야자키입니다. 저의 마을입니다.

김 : 그렇습니까? 미야자키는 어떤 곳입니까?

야마다 : 모두 친절하고, 매우 깨끗한 곳입니다.

김 : 번화한 곳입니까?

야마다 : 아니요, 그다지 번화하지 않습니다만, 바다가 정말로 예쁩니다.

김 : 바다 말입니까? 저는 바다를 매우 좋아합니다.

야마다 : 그렇습니까? 다음에 같이 어떻습니까?

김 : 좋죠.

패턴 훈련 정답 ▸ p.84

[1]

① 彼女は 歌が 上手ですか。
歌が 上手です。

② 金さんは 運動が 嫌いですか。
あまり 運動が 嫌いじゃないです。

[2]

① 便利で、きれいです。

② とても 元気で、野球が 好きです。

③ すてきで、いつも にぎやかです。

[3]

① あの 店は どうですか。
有名ですが、あまり きれいじゃないです。

② 社長は どうですか。
スマートですが、親切じゃないです。

[4]

① 刺身が 新鮮で、静かな 所です。

② 人が 親切で、きれいな 国です。

③ ダンスが 好きで、すてきな 人です。

듣기 훈련 스크립트&정답 ▸ p.86

스크립트

[1] (29)

① A：私の 友達の まさとです。
B：まさとさんは どんな 人ですか。
A：とても まじめで、親切な 人です。

② A：ここは どこですか。
B：私の 町です。
A：にぎやかな 所ですか。
A：いいえ、とても 静かで、きれいな 所です。

③ A：この 歌手は 歌が 上手ですか。
B：いいえ、あまり 上手じゃないです。

A：えっ、そうですか。
B：はい、歌は 下手ですが、とても 有名な 歌手です。

④ A：はるとちゃんは どんな 子ですか。
B：本当に 元気な 子です。
A：そうですか。
B：そして、運動が 好きで、英語も 上手です。

[2] (🎧 30)

A：朴さんは どんな スポーツが 好きですか。
B：私は 野球が 好きです。でも あまり 上手じゃないです。山田さんは どうですか。
A：私も バスケが 好きですが、下手です。
B：そうですか。音楽も 好きですか。
A：はい、僕は J-POPが 大好きです。
B：歌も 上手ですか。
A：いいえ、歌は 全然 上手じゃないです。

정답

[1]

① ⓐ

② ⓑ

③ ⓑ

④ ⓐ

[2]

① 野球です。
② J-POPが 大好きです。
③ いいえ、歌は 全然 上手じゃないです。

말하기 훈련 정답 ▸ p.87

山田 金さんが 好きな 俳優は 誰ですか。
金 (① 제가 좋아하는 배우는 – 私が 好きな 俳優は) 朴OOさんです。
山田 朴OOさんは 有名な 俳優ですか。
金 はい、(② 매우 유명한 배우입니다. – とても 有名な 俳優です。)
山田 どんな 人ですか。
金 (③ 그는 성실하고, 노래도 잘하는 사람입니다. – 彼は まじめで、歌も 上手な 人です。)
山田さんは 誰が 好きですか。
山田 僕は (④ 가수 '사쿠라짱'을 좋아합니다만, 지금은 별로 유명하지 않습니다. – 歌手の「さくらちゃん」が 好きですが、今は あまり 有名じゃないです。)
金 そうですか。(⑤ 내일 같이 영화 어떻습니까? – 明日 一緒に 映画 どうですか。)
山田 明日、大丈夫です。朴OOさんの 映画ですね。

Unit 08
歌が 上手でしたか。
노래를 잘했습니까?

본문 회화 해석 ▸ p.89

김 : 야마다 씨, 좋아하는 한국인은 누구입니까?
야마다 : 제가 제일 좋아하는 한국인은 'B사마'입니다.
김 : 네? 'B사마'는 누구입니까?
야마다 : 2004년쯤 일본에서 매우 유명했던 탤런트입니다.
김 : 그렇습니까? 연기를 잘했습니까?
야마다 : 연기를 잘하지 않고, 잘생겼었어요.
김 : 최근에는 OTS가 유명하죠. 노래와 춤을 매우 잘하는 가수입니다.
야마다 : 그렇군요. 하지만 저는 OTS보다 ONCE 쪽을 좋아합니다. 매우 예쁘니까요.

패턴 훈련 정답 ▸ p.92

[1]

① 昔、先生は ハンサムでしたか。
とても ハンサムでした。
② 昔、この辺は 静かでしたか。
あまり 静かじゃなかったです。
③ 昔、あの 店は 親切でしたか。
あまり 親切じゃなかったです。

④ 昔、勉強は 好きでしたか。
あまり 好きじゃなかったです。

[2]

① この アプリは 便利ですか。
いいえ、便利じゃなくて、不便です。

② あの 仕事は 楽ですか。
いいえ、楽じゃなくて、大変です。

[3]

① 海と 山と どちらが 好きですか。
海より 山の 方が 好きです。

② お金と 愛と どちらが 大事ですか。
お金より 愛の 方が 大事です。

듣기 훈련 스크립트&정답 ▸ p.94

스크립트

[1] (32)

A : 木村さん、韓国の 旅行は どうでしたか。
B : ホテルは きれいで、みんな 親切でした。それから 町は とても にぎやかでした。
A : どこが 一番 にぎやかでしたか。
B : ミョンドンが 一番 にぎやかで、店の 人は 日本語が 上手でしたよ。

[2] (33)

A : 金さん、インスタントラーメンと うどんと どちらが 好きですか。
B : 私は うどんより インスタントラーメンの 方が 好きです。山田さんは?
A : 前は インスタントラーメンが 好きでしたが、最近は そばが 一番 好きですね。木村さんは どうですか。
C : 私も 前は インスタントラーメンが 好きでしたが、最近は やはり パスタですね。

정답

[1]

① ×
② ○
③ ○
④ ×

[2]

① 金 ― ⓑ インスタントラーメン
② 山田 ― ⓒ そば
③ 木村 ― ⓓ パスタ

Unit 09
ビールも おいしい 所です。
맥주도 맛있는 곳입니다.

본문 회화 해석 ▸ p.99

김 : 야마다 씨, 함께 맥주 한 잔 어떻습니까?
야마다 : 오늘은 일이 바쁩니다.
내일은 바쁘지 않습니다만.
김 : 그렇습니까? 그럼, 내일 몇 시가 좋습니까?
야마다 : 오후는 언제든지 좋아요.
김 : 야마다 씨는 어떤 요리를 좋아합니까?
야마다 : 저는 매운 요리를 좋아합니다.
김 : 그럼, 역 앞의 가게는 어떻습니까?
싸고, 맥주도 맛있는 곳입니다.

패턴 훈련 정답 ▸ p.102

[1]

① ロシアの 冬は 寒いですか。
はい、すごく 寒いです。

② あなたの 恋人は 優しいですか。
はい、とても 優しいです。

[2]

① あまり 難しくないです。簡単です。
② あまり 大きくないです。小さいです。
③ あまり 近くないです。遠いです。

[3]

① きたなくて、あまり きれいじゃないです。

② かわいくて、元気です。

③ 難しくて、つまらないです。

[4]

① うるさくて、人が 多い 所です。

② 暑くて、料理が おいしい 国です。

③ かわいくて、歌が 上手な 人です。

듣기 훈련 스크립트&정답 ▸ p.104

스크립트

[1] (35)

サラちゃんは 背が 高くて、髪が 長いです。女の人です。
鈴木さんは 背が 低くて、髪が 短いです。男の人で、目が 大きいです。
朴さんは 背が 低くて、目が 小さいです。髪は 長くないです。女の人です。
山田さんは 顔が 大きくて、背が 高いです。男の人で、髪が 短いです。

[2] (36)

① A : 金さんの 部屋は 広いですか。
B : いいえ、私の 部屋は 狭くて、きたないです。山田さんの 部屋は どうですか。
A : 私の 部屋は 窓が 大きくて、とても 明るいです。
B : いいですね。

② A : 吉田さんの 町は どんな 町ですか。
B : きれいで、静かな 所です。
A : そうですか。駅からは 近いですか。
B : いいえ、少し 遠いです。田中さんの 町は どうですか。
A : 私の 町は 駅から 近いですが、人が 多くて、とても うるさいです。

정답

[1]

① 朴

② 山田

③ 鈴木

④ サラ

[2]

① ⓐ 金
ⓑ 山田

② ⓐ 田中
ⓑ 吉田

한자 훈련 3 Unit 07~09 ▸ p.106

정답

[1]

① かしゅ

② へただ

③ しゃちょう

④ て

⑤ りょこう

⑥ きぶん

[2]

① 店

② 長い

③ 手

④ 行動

⑤ 部長

⑥ 天気

[3]

① みせ

② てんいん

③ てんちょう

④ 元気

⑤ すき

⑥ じょうず

⑦ 下手

Unit 10

天気も よくて、楽しかったです。

날씨도 좋고, 즐거웠습니다.

본문 회화 해석 ▸ p.109

야마다 : 안녕하세요. 오늘은 선선하네요.
아, 김 씨, 어제까지 여행이었죠?
김 : 예, 그랬습니다.
야마다 : 여행은 어땠습니까?
김 : 날씨도 좋고, 즐거웠습니다.
그리고 물가도 별로 비싸지 않고, 모두 친절했습니다.
야마다 : 그랬습니까? 다행이네요.
음식 중에서 무엇이 가장 맛있었습니까?
김 : 글쎄요. 역시 맥주와 숯불구이 고기가 제일 맛있었네요.

패턴 훈련 정답 ▸ p.112

[1]

① 友達が 多かったですか。
多かったです。
② 勉強が 難しかったですか。
あまり 難しくなかったです。
③ うちから 学校まで 遠かったですか。
あまり 遠くなかったです。
④ 髪が 長かったですか。
あまり 長くなかったです。

[2]

① カフェの 雰囲気は どうですか。
あまり うるさくなくて、静かです。
② 新しい 会社の 仕事は どうですか。
あまり 忙しくなくて、暇です。

[3]

① 一週間の 中で いつが 一番 忙しかったですか。
水曜日が 一番 忙しかったです。
② 世界の 中で どこが 一番 よかったですか。
フランスが 一番 よかったです。

듣기 훈련 스크립트&정답 ▸ p.114

스크립트

[1] (38)

木村さん、お元気ですか。
私は 元気です。
ここは 昨日まで 暑かったですが、今日は とても 涼しいです。
私は 先週まで とても 忙しかったですが、今週は あまり 忙しくなかったです。
ここは にぎやかで、少し うるさいです。
でも 人が みんな 優しくて、料理も とても おいしいです。

[2] (39)

A : 犯人は どんな 人でしたか。
B : 女の人で、とても 背が 高かったです。
A : 髪は どうでしたか。
B : 髪は 長かったです。あ、それから 顔が とても 大きかったですよ。
A : じゃ、犯人は 誰ですか。
B : あっ、この 人です。

정답

[1]

① ×
② ×
③ ×
④ ○

[2]

④

말하기 훈련 정답 ▸ p.115

木村 李さん、昨日の デートは どうでしたか。
李 (① 매우 즐거웠습니다. ― とても 楽しかったです。)

木村 どんな人でしたか。

李 (② 잘생기고, 상냥한 사람이었습니다. ― ハンサムで、優しい人でした。)

木村 (③ 그 사람은 키가 컸습니까? ― その人は背が高かったですか。)

李 いいえ、あまり背が高くなかったです。

木村 レストランの雰囲気はどうでしたか。

李 (④ 좋았습니다만, 점원이 그다지 친절하지 않았습니다. ― よかったですが、店員が あまり 親切じゃなかったです。)
でも、料理は おいしかったですよ。

Unit 11
あの 公園の となりに デパートが あります。
저 공원 옆에 백화점이 있습니다.

본문 회화 해석 ▸ p.119

야마다 : 여기에서 가장 가까운 은행은 어디입니까?
김 : 은행 말입니까? '니코니코은행'이 제일 가깝죠.
야마다 : 거기는 어디에 있습니까?
김 : 여기에서 5분 정도인 곳에 있습니다.
저기에 큰 공원이 있죠?
야마다 : 예.
김 : 저 공원 옆에 백화점이 있습니다.
야마다 : 그렇습니까? 그 백화점 앞입니까?
김 : 아니요, 백화점 앞이 아니라, 안의 1층에 있습니다.

패턴 훈련 정답 ▸ p.122

[1]

① 病院は どこに ありますか。
病院は あの ビルの となりに あります。

② 図書館は どこに ありますか。
図書館は 「にこにこ日本語学校」の 後ろに あります。

[2]

① テーブルの 上に 何が ありますか。
テーブルの 上に 雑誌と 本が あります。

② ポケットの 中に 何が ありますか。
ポケットの 中に 財布と スマホが あります。

[3]

① 家の そばに 駅が ありますか。
ありません。

② 明日は 日本語の テストが ありますか。
あります。

[4]

① トイレは 何階に ありますか。
ろっかいに あります。

② ゲームセンターは 何階に ありますか。
映画館の いっかいに あります。

듣기 훈련 스크립트&정답 ▸ p.124

스크립트

[1] (41)

私は 金です。私の 部屋は 2階で 203です。
サラさんの 部屋は 私の となりです。
山田さんの 部屋は サラさんの となりです。
朴さんの 部屋は サラさんの 下に あります。
木村さんの 部屋は 1階です。私の 下で、朴さんの となりです。
中村さんの 部屋は 104です。
中村さんの 上は マリーさんの 部屋です。

[2] (42)

① A : ノートパソコンは どこに ありますか。
B : ノートパソコンは 机の 上に あります。

② A : この 部屋の 中に ソファーは ありますか。
B : はい、あります。
A : そうですか。どこに ありますか。
B : 窓の 前に あります。

③ A : 日本語の 本は 机の 上に ありますか。
B : いいえ、ありません。
A : そうですか。どこに ありますか。
B : テレビの 下に あります。

④ A：新聞は どこに ありますか。
B：ベッドの 上に あります。
⑤ A：部屋の 中に 箱は ありますか。
B：はい、あります。
A：どこに ありますか。
B：ベッドと テーブルの 間に あります。

정답

[1]

① 山田
② サラ
③ マリー
④ 朴
⑤ 木村

[2]

Unit 12
先生は 何人 家族ですか。
선생님은 가족이 몇 명입니까?

본문 회화 해석 ▸ p.127

김 : 실례입니다만, 선생님은 가족이 몇 명입니까?
선생님 : 아버지와 어머니와 남편과 딸 한 명과 아들 두 명과 저 일곱 식구입니다.
김 : 가족이 많네요. 남편은 어떤 사람입니까?
선생님 : 매우 상냥하고 밝은 사람입니다.
김 : 그렇습니까? 아, 애완동물은 없습니까?
선생님 : 있어요. 개가 한 마리 있습니다. 이름은 '토후(とうふ : 두부)'예요.
김 : 하하하. 재미있고 귀여운 이름이네요.
선생님 : 김 씨는 형제가 몇 명입니까?
김 : 누나가 한 명 있습니다. 지금 일본에 있기 때문에 좀 쓸쓸합니다.

패턴 훈련 정답 ▸ p.130

[1]

① 祖父と 祖母と 妹 一人と 私の 4人 家族です。
② 父と 母と 妻と 息子 一人と 私の 5人 家族です。
③ 主人と 息子 一人と 娘 一人と 私の 4人 家族です。

[2]

① 中村さんは 今、どこに いますか。
図書館に います。
② 木村さんは 今、どこに いますか。
会議室に います。

[3]

① 旅行は どうでしたか。
ホテルの 部屋が 狭かったですから、大変でした。
② 出張は どうでしたか。
忙しかったですから、大変でした。

듣기 훈련 스크립트&정답 ▸ p.132

스크립트

[1] (44)

A：山田さんは 何人 家族ですか。
B：父と 母と 兄と 姉と 私の 5人 家族です。
A：お兄さんは どんな 人ですか。
B：兄は 背が 高くて、頭が いい 人です。
A：そうですか。じゃ、お姉さんは どんな 人ですか。
B：姉は 背が 低くて、目が 大きいです。

[2] (🎧 45)

① A：中村さん、山田さんは どこに いますか。
B：私の 後ろに います。
② A：木村さんは どこに いますか。
B：私の となりに います。
③ A：朴さんは どこに いますか。
B：木村さんの 前に います。
④ A：金さんは どこに いますか。
B：朴さんの 右に います。

정답

[1]

①

[2]

① 山田 ー ⓕ
② 木村 ー ⓒ
③ 朴 ー ⓐ
④ 金 ー ⓑ

말하기 훈련 정답 ▸ p.133

中村　はじめまして。私は 中村です。
朴　はじめまして。朴です。
中村　失礼ですが、お仕事は 何ですか。
朴　会社員です。
中村　(① 박 씨는 가족이 몇 명입니까? ー 朴さんは 何人家族ですか。)
朴　(② 할아버지와 할머니와 아버지와 어머니와 저 다섯 식구입니다. ー 祖父と 祖母と 父と 母と 私の 5人家族です。)
中村　(③ 박 씨는 외동이군요. 아버지는 어떤 사람입니까? ー 朴さんは 一人っ子ですね。お父さんは どんな 人ですか。)
朴　(④ 아버지는 상냥하고, 잘생겼습니다. ー 父は 優しくて、ハンサムです。)
(⑤ 지금 미국에 있기 때문에 좀 외롭습니다. ー 今 アメリカに いますから、ちょっと さびしいです。)

한자 훈련 4 Unit 10 ~ 12 ▸ p.134

정답

[1]

① じかん
② さいきん
③ おんがく
④ ばしょ
⑤ とけい
⑥ けいかく

[2]

① 近所
② 映画
③ 近い
④ 時間
⑤ 楽しい
⑥ 楽だ

[3]

① 最近
② 音楽
③ えいが
④ ちかい
⑤ 所
⑥ えいがかん
⑦ じかん
⑧ 時
⑨ 映画館

단어 색인

えきまえ(駅前) 역 앞 ····· 9과
えっ 앗, 네? ····· 8과
エレベーター 엘리베이터 ····· 2과
~えん(円) ~엔 ····· 6과
えんぎ(演技) 연기 ····· 8과
えんぴつ(鉛筆) 연필 ····· 6과

お

お 존경 · 공손 · 친밀의 뜻을 나타냄 ····· 12과
おいしい 맛있다 ····· 9과
おおい(多い) 많다 ····· 9과
おおきい(大きい) 크다 ····· 9과
おかね(お金) 돈 ····· 8과
おかねもち(お金持ち) 부자 ····· 11과
おとこのひと(男の人) 남자 ····· 6과
おにいさん(お兄さん) (남의) 형, 오빠 ····· 12과
おにぎり 주먹밥, 삼각김밥 ····· 2과
おねえさん(お姉さん) (남의) 누나, 언니 ····· 12과
おねがいします(お願いします) 부탁드립니다 ····· 3과
おひさしぶりです(お久しぶりです) 오랜만입니다 ··· 3과
おめでとうございます 축하합니다 ····· 5과
おもしろい 재미있다 ····· 9과
おんがく(音楽) 음악 ····· 7과
おんなのこ(女の子) 여자아이 ····· 6과
おんなのひと(女の人) 여자 ····· 9과

か

~が ~이지만 ····· 2과
~かい(階) ~층 ····· 11과
かいいん(会員) 회원 ····· 3과
かいぎ(会議) 회의 ····· 한자 훈련1
かいぎしつ(会議室) 회의실 ····· 12과
かいしゃ(会社) 회사 ····· 3과
かいしゃいん(会社員) 회사원 ····· 1과
かお(顔) 얼굴 ····· 9과
がくせい(学生) 학생 ····· 1과
かしゅ(歌手) 가수 ····· 1과
かぜ(風) 바람 ····· 9과
かぞく(家族) 가족, 식구 ····· 6과
がっこう(学校) 학교 ····· 한자 훈련1
かのじょ(彼女) 그녀, 여자 친구 ····· 1과
かばん 가방 ····· 2과
カフェ 카페 ····· 9과
かみ(髪) 머리(카락) ····· 9과
カメラ 카메라 ····· 2과
がめん(画面) 화면 ····· 한자 훈련4
かようび(火曜日) 화요일 ····· 5과
~から ~부터 ····· 4과
~から ~에서, ~부터 ····· 5과
~から ~이기 때문에(원인 · 이유) ····· 8과
からい(辛い) 맵다 ····· 9과
~から ~まで ~부터 ~까지 ····· 4과
カルビ 갈비 ····· 2과
かれ(彼) 그, 남자 친구 ····· 1과
カレー 카레 ····· 6과
かわいい 귀엽다, 예쁘다 ····· 9과
かんこく(韓国) 한국 ····· 2과
かんこくじん(韓国人) 한국인 ····· 1과
かんごし(看護師) 간호사 ····· 1과
かんじ(漢字) 한자 ····· 9과
かんぜん(完全) 완전 ····· 한자 훈련2
かんたんだ(簡単だ) 간단하다 ····· 8과
がんばってください 힘내세요, 열심히 하세요 ····· 4과

き

きたない 더럽다 ····· 9과
きつねうどん 유부우동 ····· 6과
きつねそば 유부메밀국수 ····· 6과
きのう(昨日) 어제 ····· 5과
きぶん(気分) 기분 ····· 한자 훈련3
きゅうしゅう(九州) 규슈 ····· 7과
きょう(今日) 오늘 ····· 4과
きょうしつ(教室) (기술 등을 가르치는) 교실 ····· 2과
きょうしつ(教室) 교실 ····· 12과
きょうだい(兄弟) 형제 ····· 12과
きらいだ(嫌いだ) 싫어하다 ····· 7과
きれいだ 깨끗하다, 예쁘다 ····· 7과
ぎんこう(銀行) 은행 ····· 한자 훈련3
ぎんこういん(銀行員) 은행원 ····· 1과
きんじょ(近所) 근처 ····· 한자 훈련4

く

け

こ

さ

し

す

せ

そ

た

ち

つ

て

と

な

に

ね

の

は

ひ

쉽고
간단하게
배우는

YBM 초간단 일본어 1

쓰기노트

YBM 홀딩스

오십음도

일본어 문자인 히라가나와 가타카나를 5단 10행으로 배열한 표입니다.

히라가나(ひらがな)

	あ단	い단	う단	え단	お단
あ행	あ [a]	い [i]	う [u]	え [e]	お [o]
か행	か [ka]	き [ki]	く [ku]	け [ke]	こ [ko]
さ행	さ [sa]	し [shi]	す [su]	せ [se]	そ [so]
た행	た [ta]	ち [chi]	つ [tsu]	て [te]	と [to]
な행	な [na]	に [ni]	ぬ [nu]	ね [ne]	の [no]
は행	は [ha]	ひ [hi]	ふ [hu/fu]	へ [he]	ほ [ho]
ま행	ま [ma]	み [mi]	む [mu]	め [me]	も [mo]
や행	や [ya]		ゆ [yu]		よ [yo]
ら행	ら [ra]	り [ri]	る [ru]	れ [re]	ろ [ro]
わ행	わ [wa]				を [wo]

ん [n]

가타카나(カタカナ)

	ア단	イ단	ウ단	エ단	オ단
ア행	ア [a]	イ [i]	ウ [u]	エ [e]	オ [o]
カ행	カ [ka]	キ [ki]	ク [ku]	ケ [ke]	コ [ko]
サ행	サ [sa]	シ [shi]	ス [su]	セ [se]	ソ [so]
タ행	タ [ta]	チ [chi]	ツ [tsu]	テ [te]	ト [to]
ナ행	ナ [na]	ニ [ni]	ヌ [nu]	ネ [ne]	ノ [no]
ハ행	ハ [ha]	ヒ [hi]	フ [hu/fu]	ヘ [he]	ホ [ho]
マ행	マ [ma]	ミ [mi]	ム [mu]	メ [me]	モ [mo]
ヤ행	ヤ [ya]		ユ [yu]		ヨ [yo]
ラ행	ラ [ra]	リ [ri]	ル [ru]	レ [re]	ロ [ro]
ワ행	ワ [wa]				ヲ [wo]

ン [n]

히라가나

ひらがな

청음

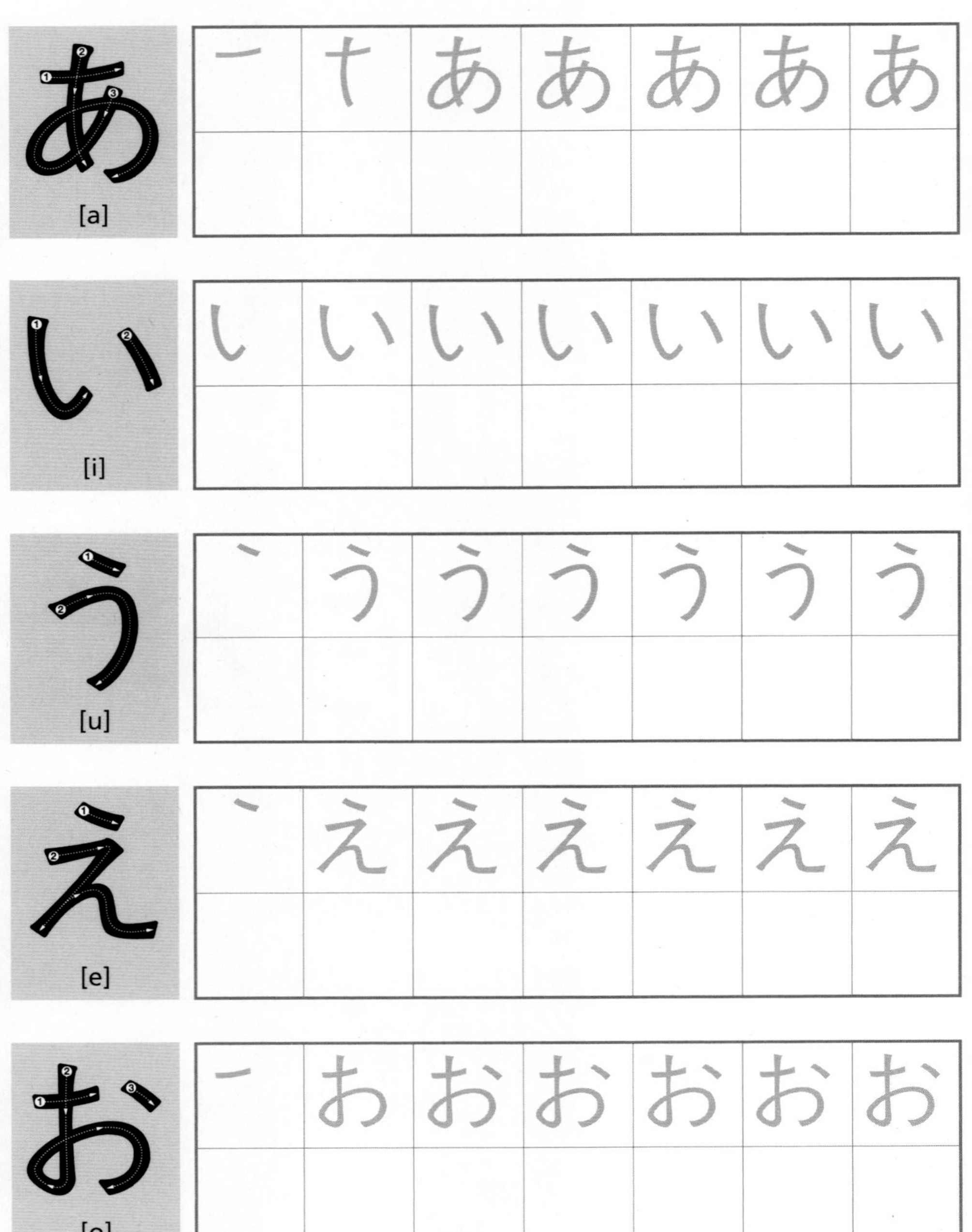

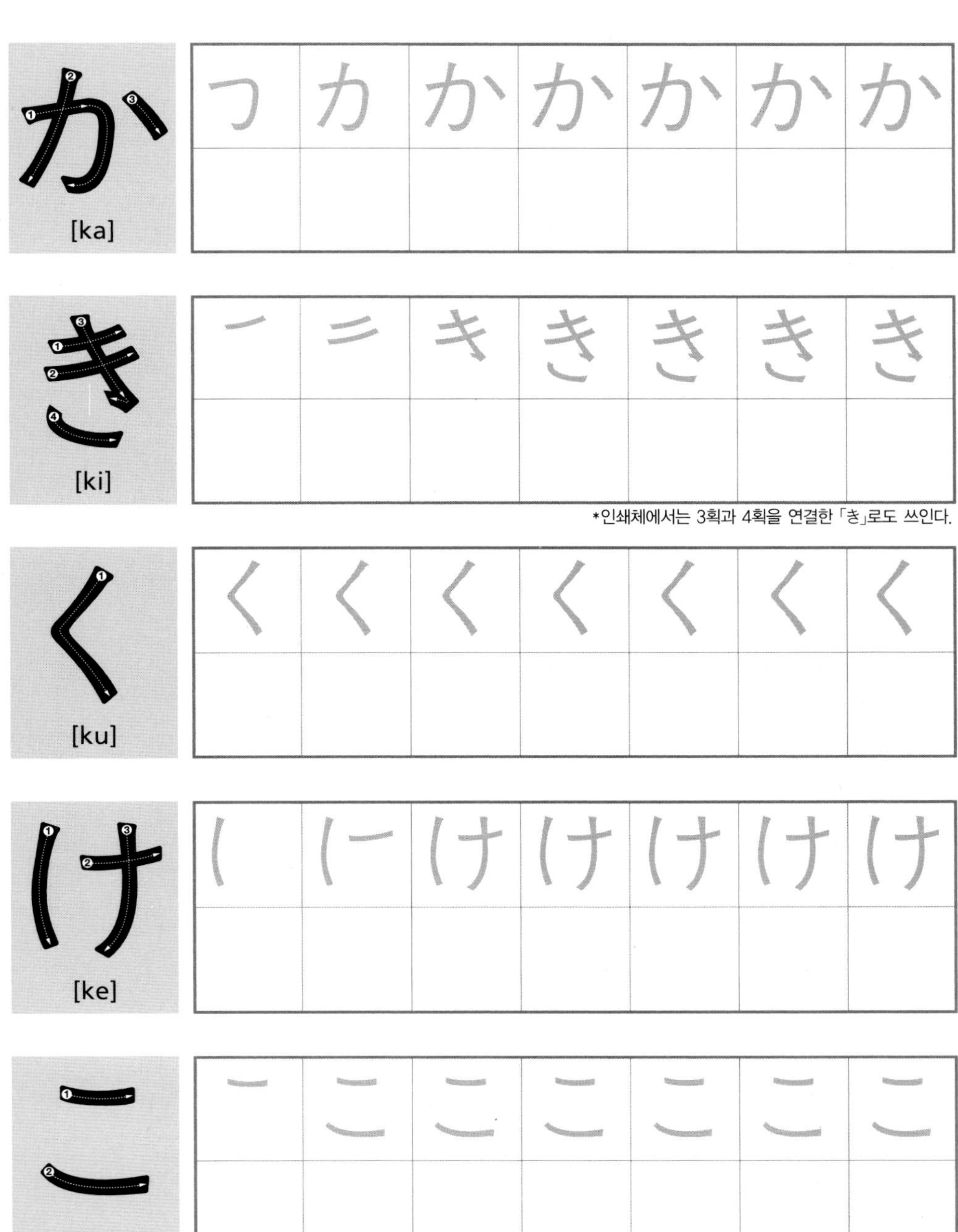

*인쇄체에서는 3획과 4획을 연결한 「き」로도 쓰인다.

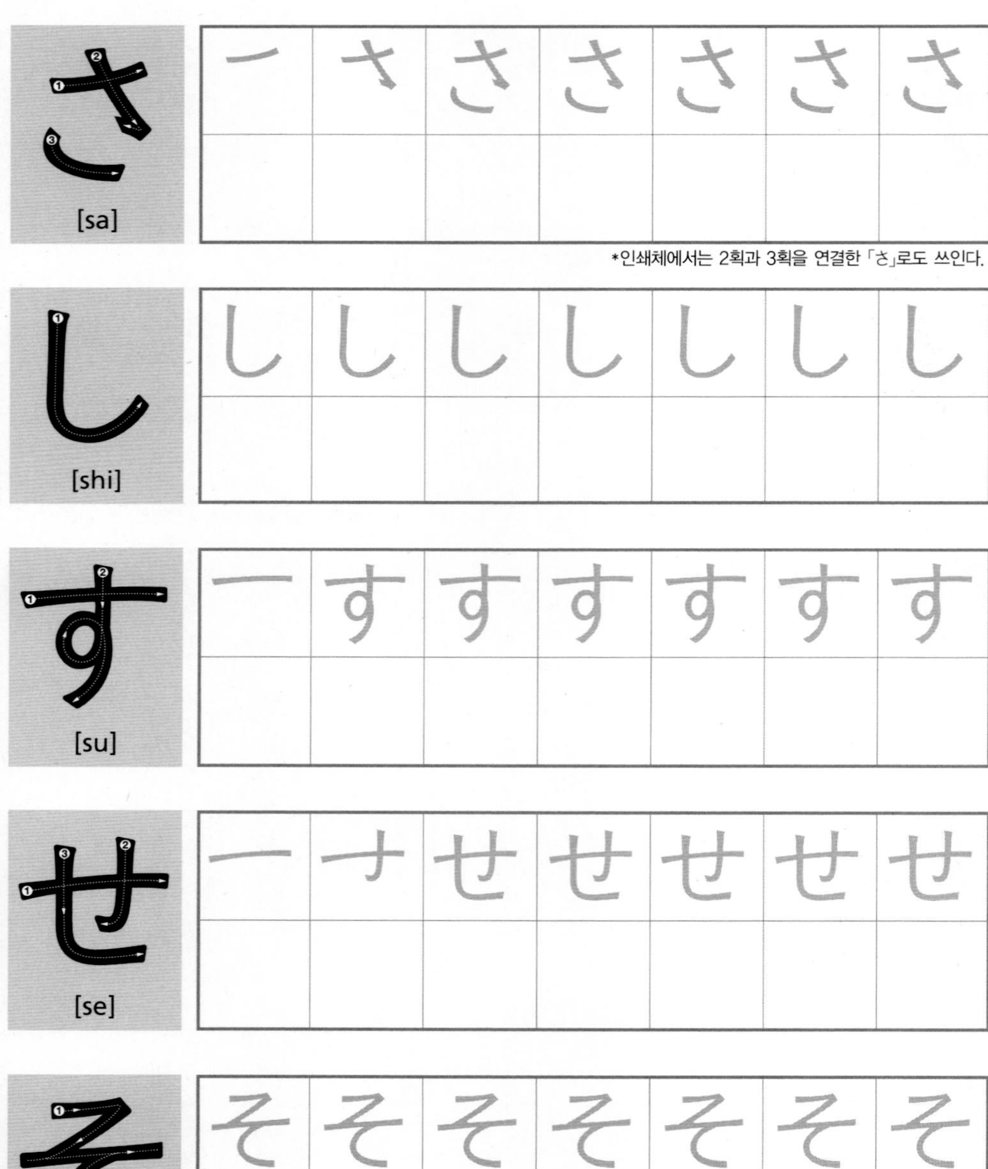

*인쇄체에서는 2획과 3획을 연결한 「さ」로도 쓰인다.

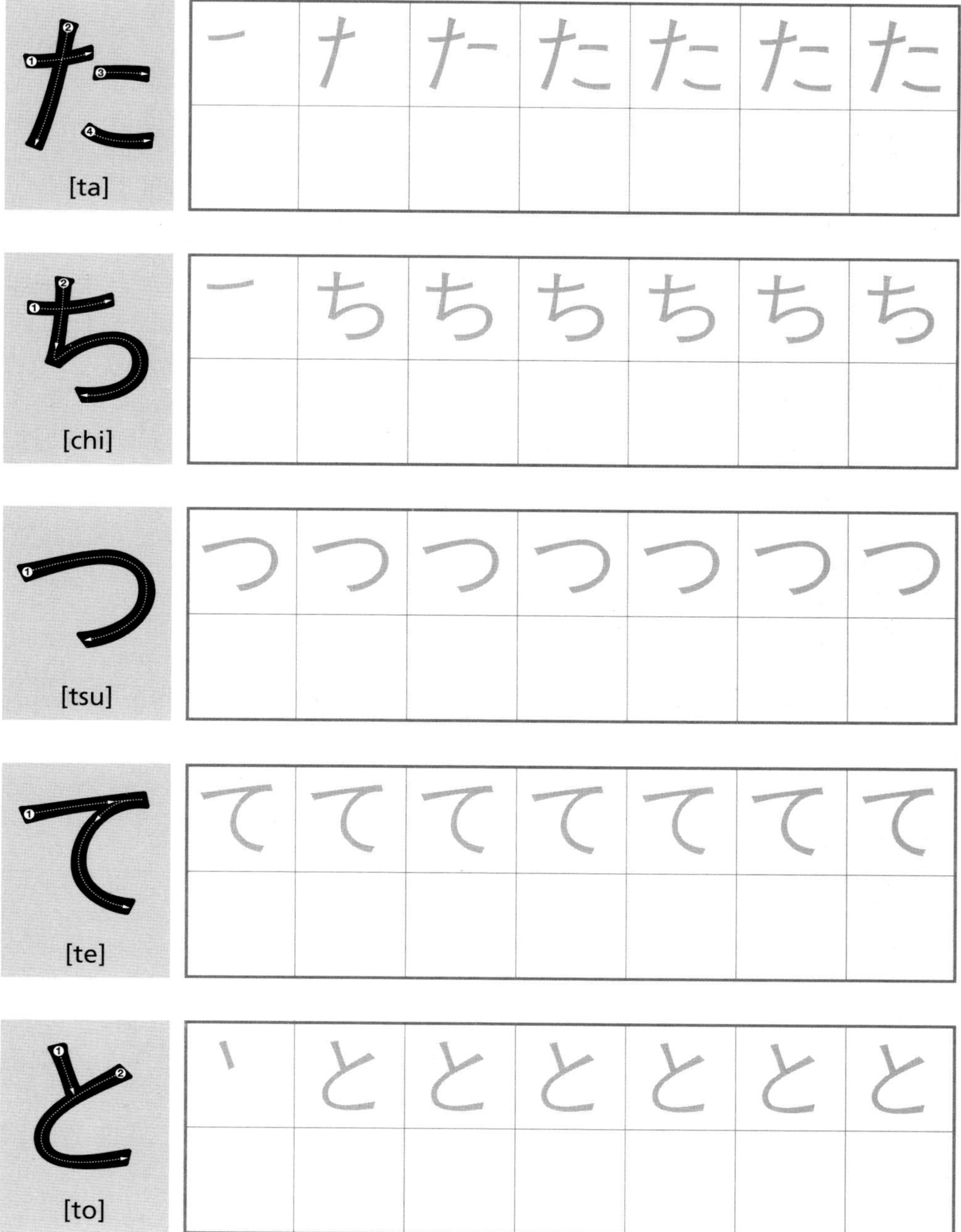
た
[ta]
ち
[chi]
つ
[tsu]
て
[te]
と
[to]

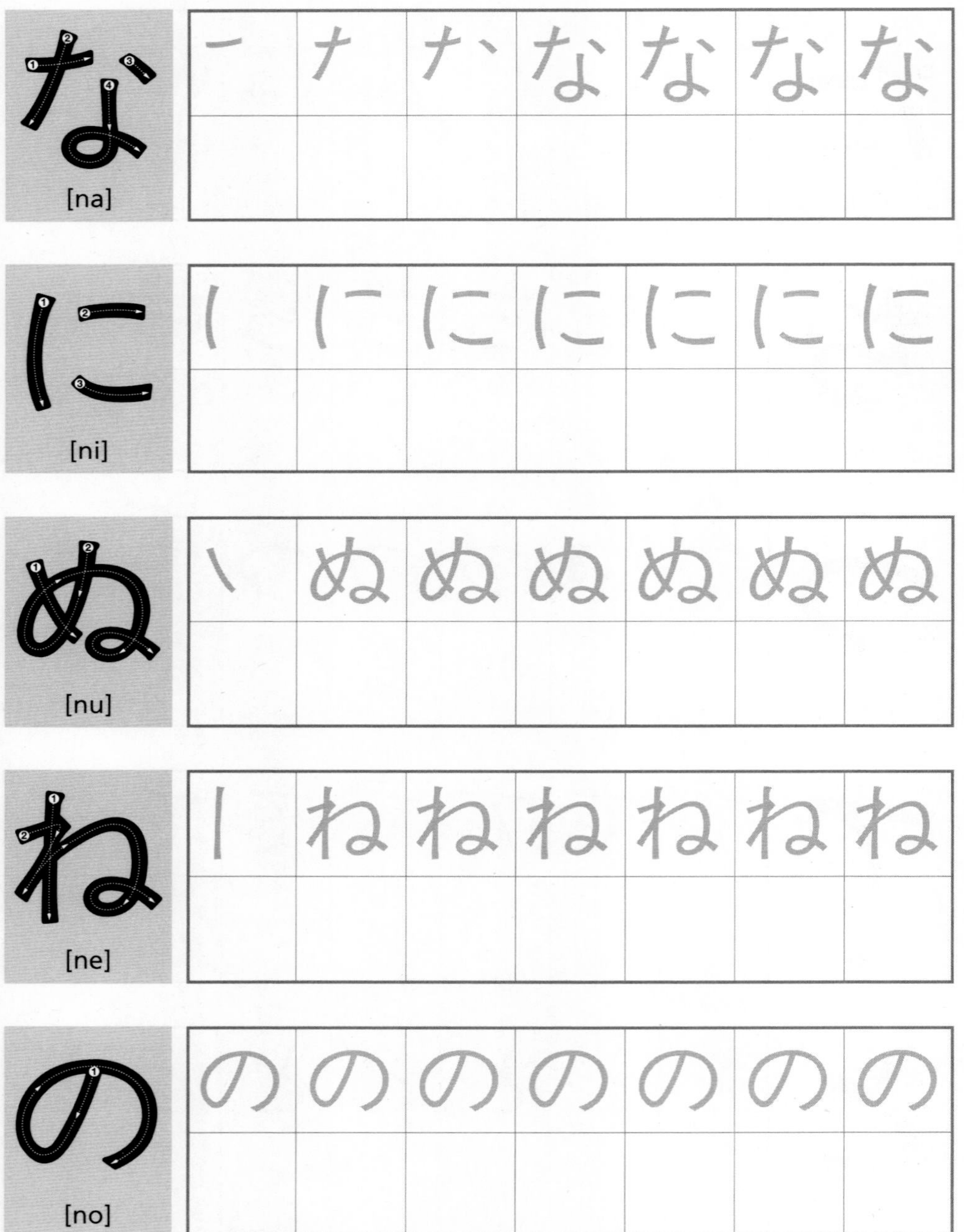
な
[na]
に
[ni]
ぬ
[nu]
ね
[ne]
の
[no]

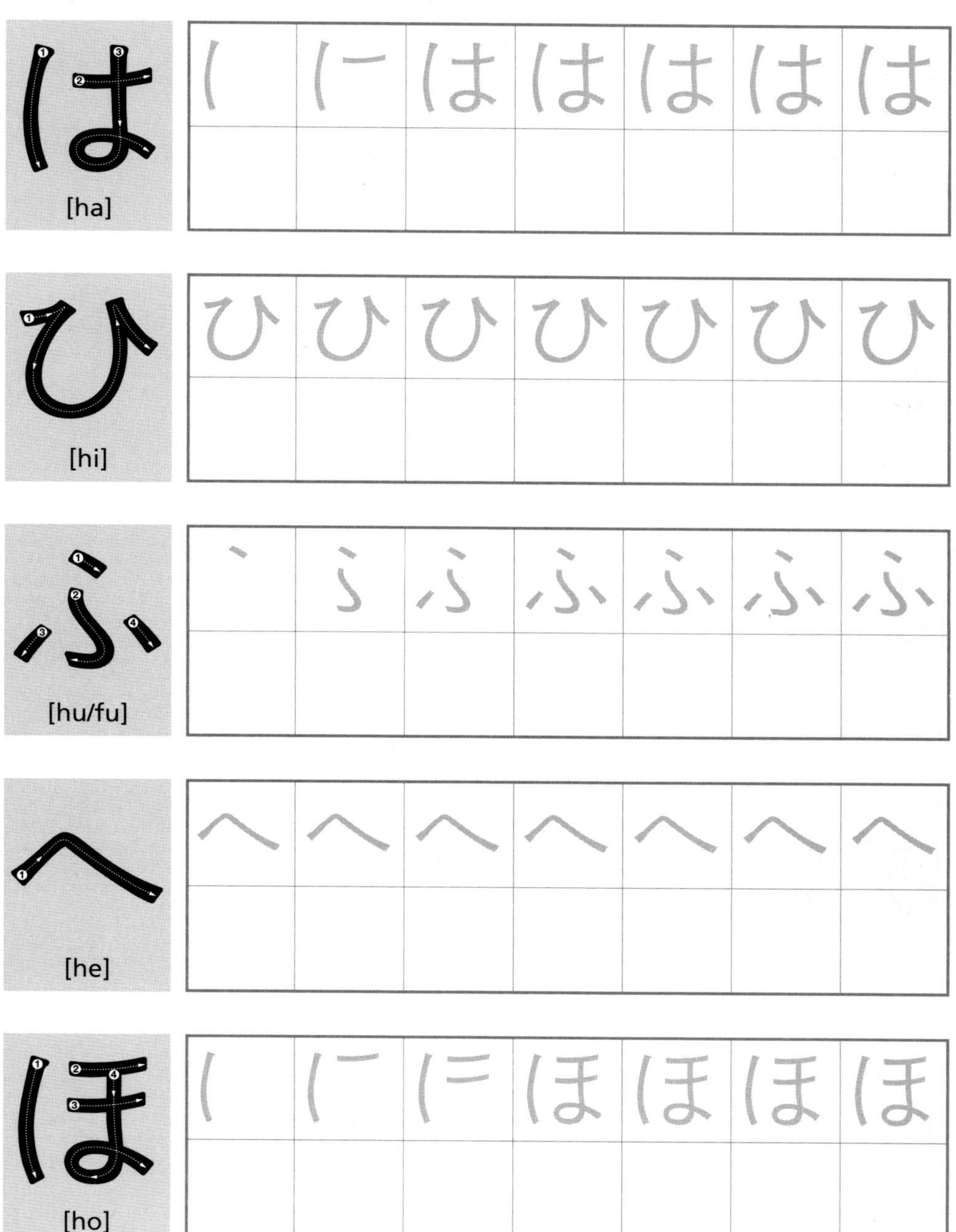
は
[ha]
ひ
[hi]
ふ
[hu/fu]
へ
[he]
ほ
[ho]

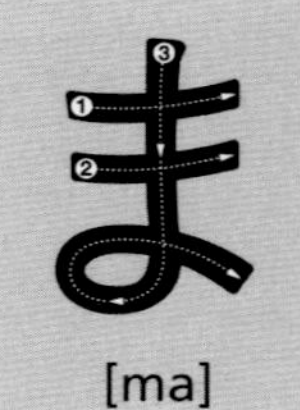

[ma]

ま ま ま ま ま

[mi]

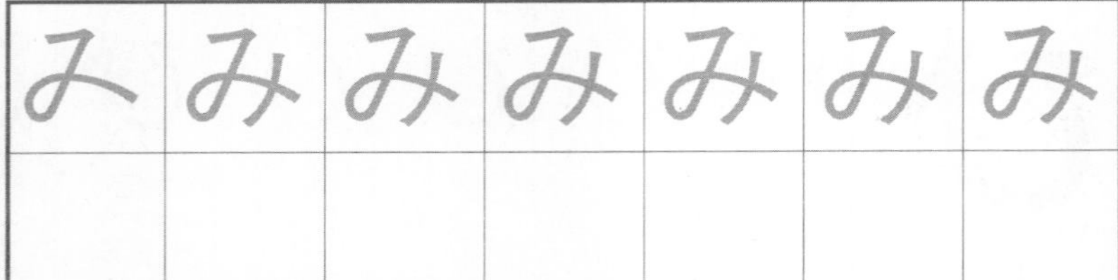

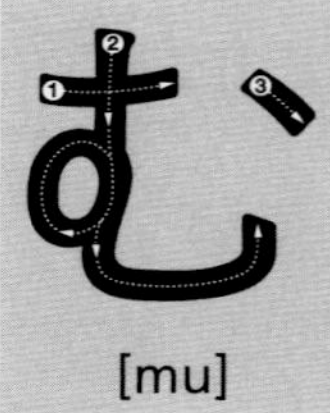

[mu]

[me]

め め め め め め

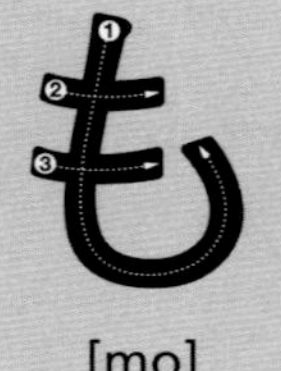

[mo]

も も も も も

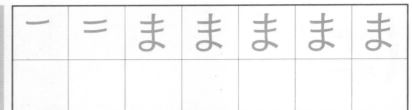

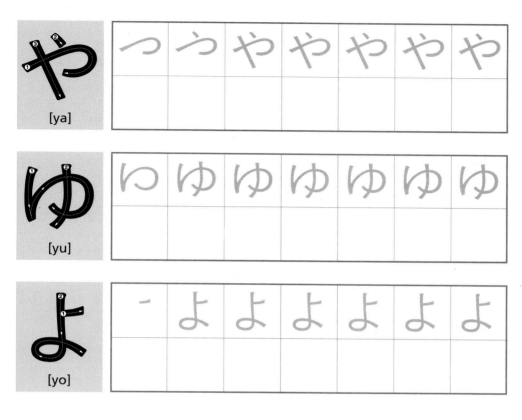

や [ya]	つ	う	や	や	や	や	や

ゆ [yu]	い	ゆ	ゆ	ゆ	ゆ	ゆ	ゆ

よ [yo]	ー	よ	よ	よ	よ	よ	よ

혼동하기 쉬운 글자 1

*다음 글자들은 모양이 비슷해서 혼동하기 쉬우므로 잘 익혀 두자.

き	さ	た	な
[ki]	[sa]	[ta]	[na]

は	ほ	ま	も
[ha]	[ho]	[ma]	[mo]

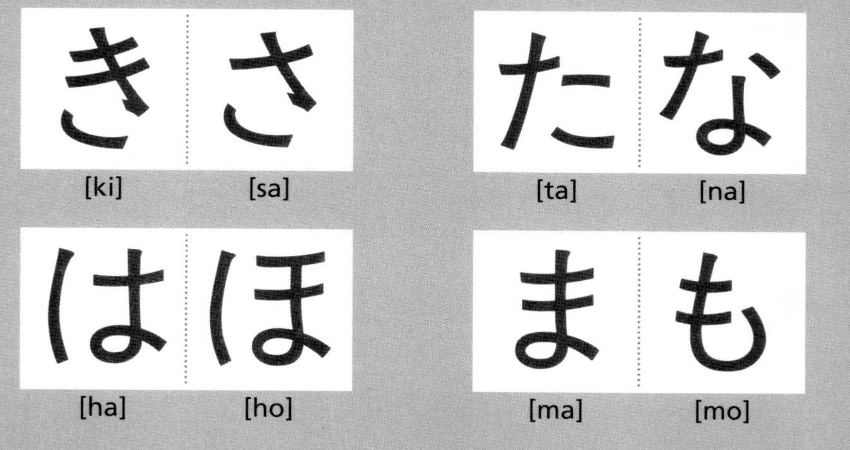

ら
[ra]

`	ら	ら	ら	ら	ら	ら

り
[ri]

い	り	り	り	り	り	り

る
[ru]

る	る	る	る	る	る	る

れ
[re]

l	れ	れ	れ	れ	れ	れ

ろ
[ro]

ろ	ろ	ろ	ろ	ろ	ろ	ろ

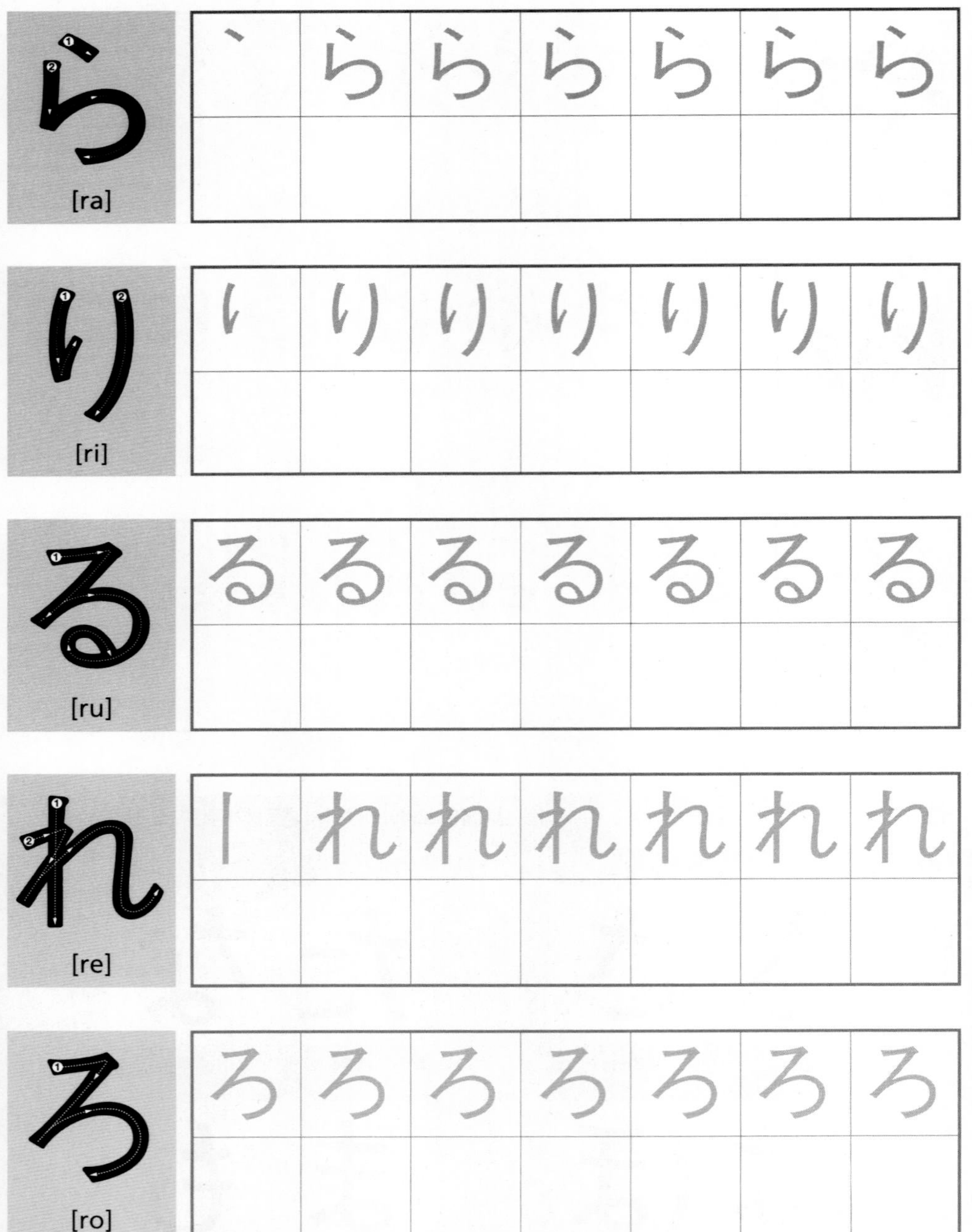

[wa]

l	わ	わ	わ	わ	わ	わ

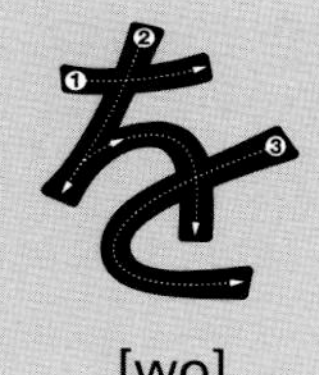

[wo]

一	ち	を	を	を	を	を

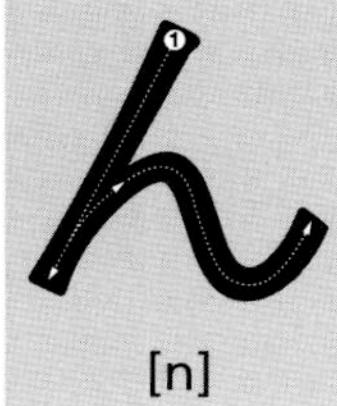

[n]

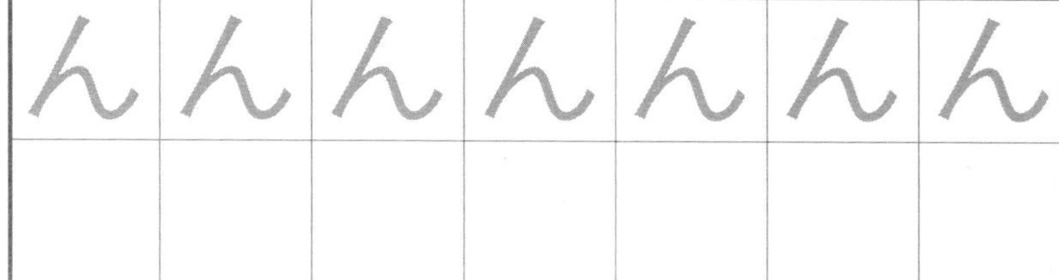

혼동하기 쉬운 글자 2

*다음 글자들은 모양이 비슷해서 혼동하기 쉬우므로 잘 익혀 두자.

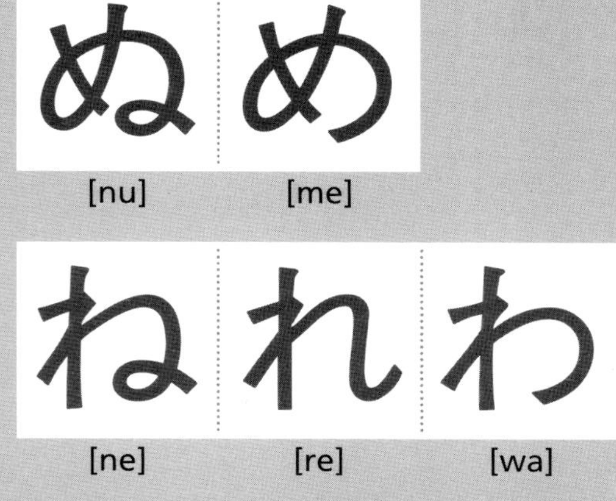

が
[ga]
ぎ
[gi]
ぐ
[gu]
げ
[ge]
ご
[go]

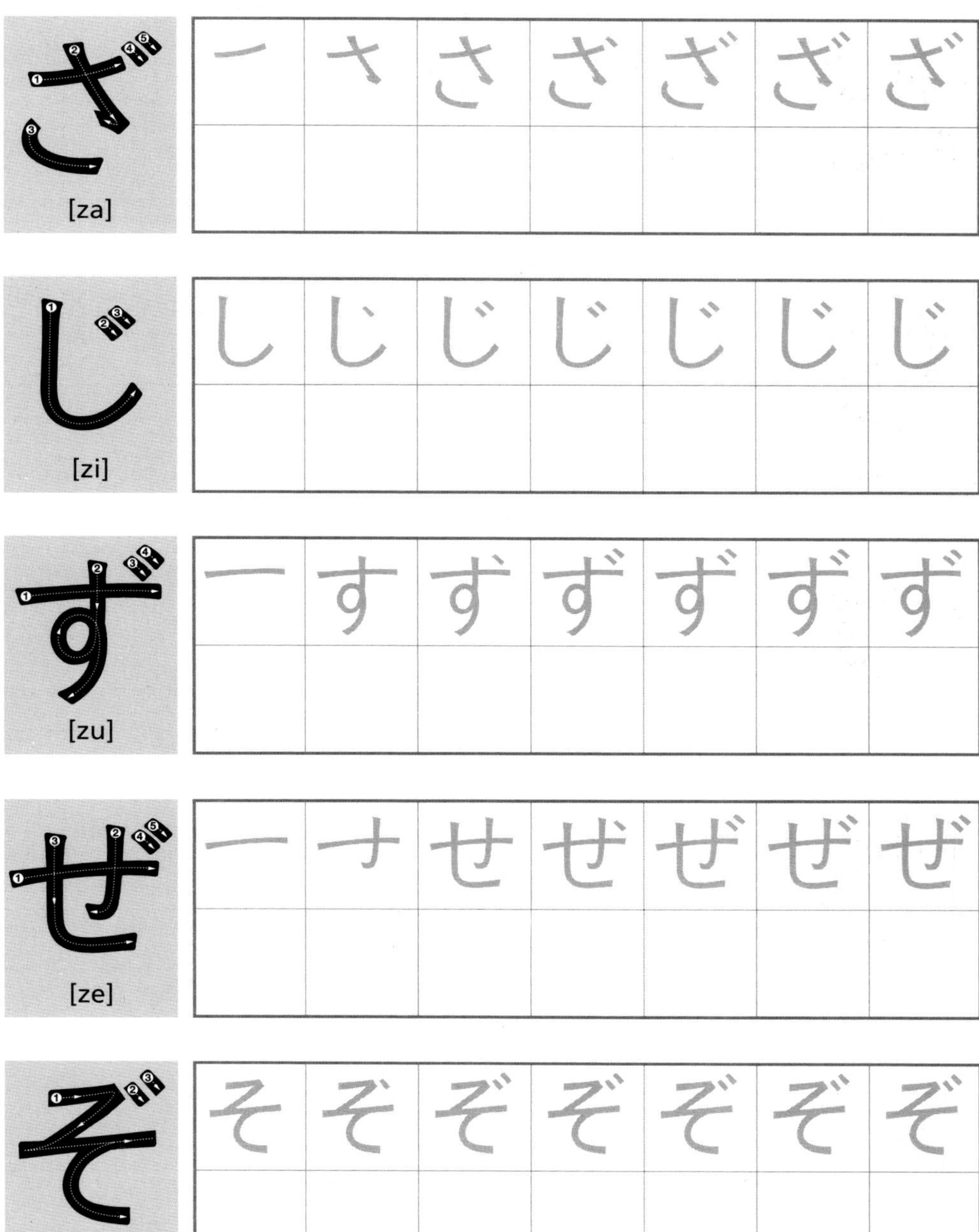
ざ
[za]
一 さ さ ざ ざ ざ ざ
じ
[zi]
し じ じ じ じ じ じ
ず
[zu]
一 す ず ず ず ず ず
ぜ
[ze]
一 ナ せ ぜ ぜ ぜ ぜ
ぞ
[zo]
そ ぞ ぞ ぞ ぞ ぞ ぞ

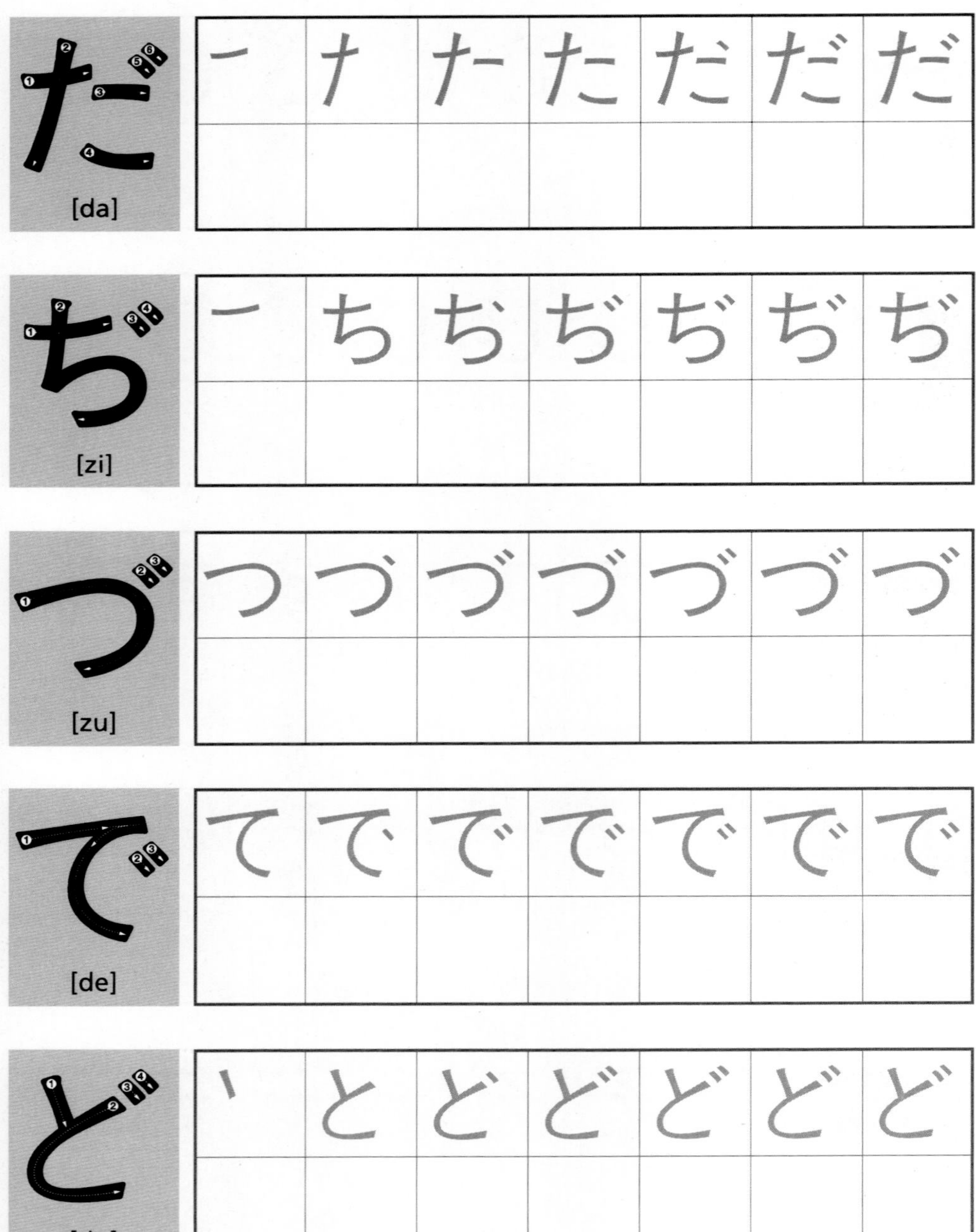
だ
[da]
一 ナ ナ た だ だ だ
ぢ
[zi]
一 ち ぢ ぢ ぢ ぢ ぢ
づ
[zu]
つ づ づ づ づ づ づ
で
[de]
て で で で で で で
ど
[do]
ヽ と ど ど ど ど ど

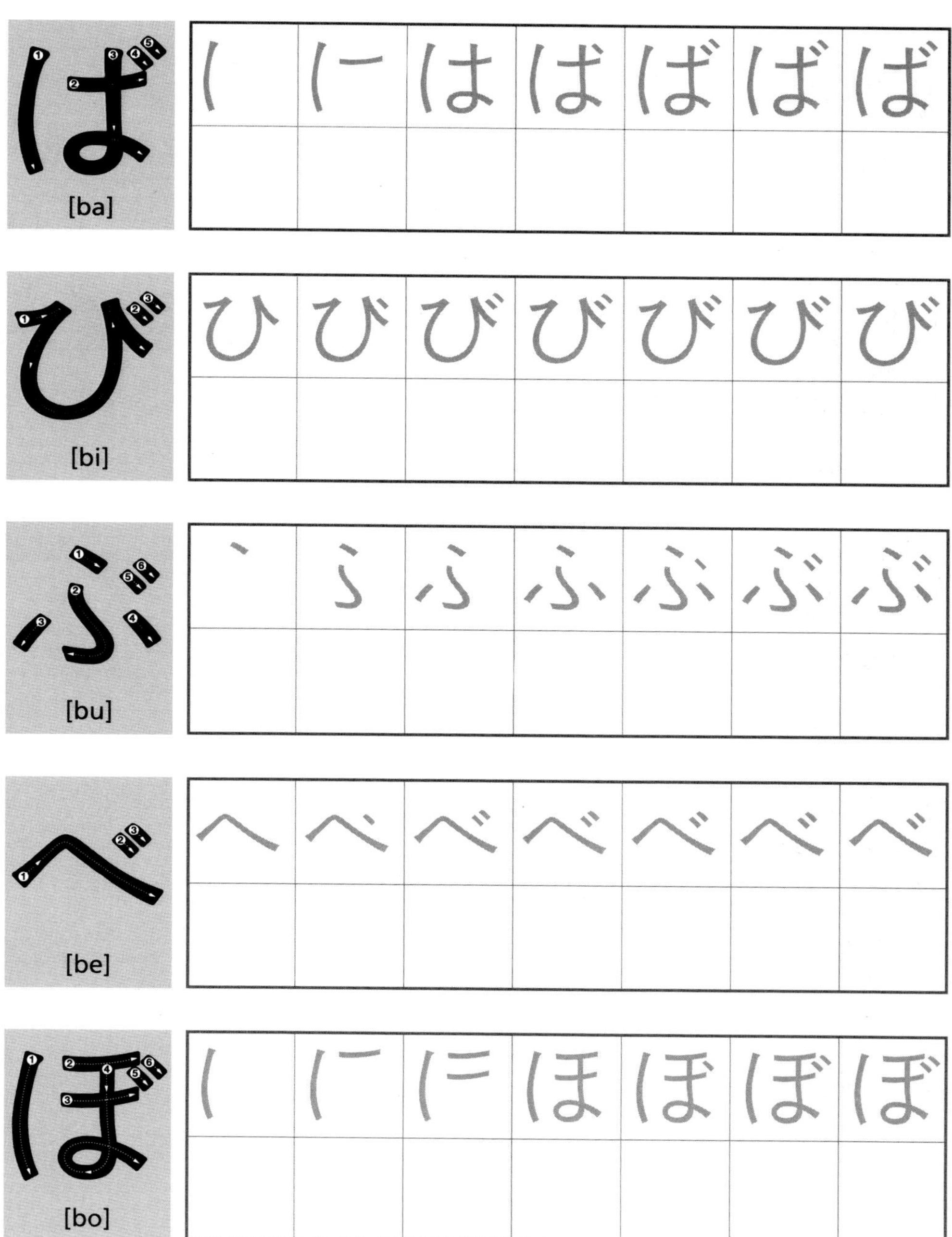
ば
[ba]
び
[bi]
ぶ
[bu]
べ
[be]
ぼ
[bo]

반탁음

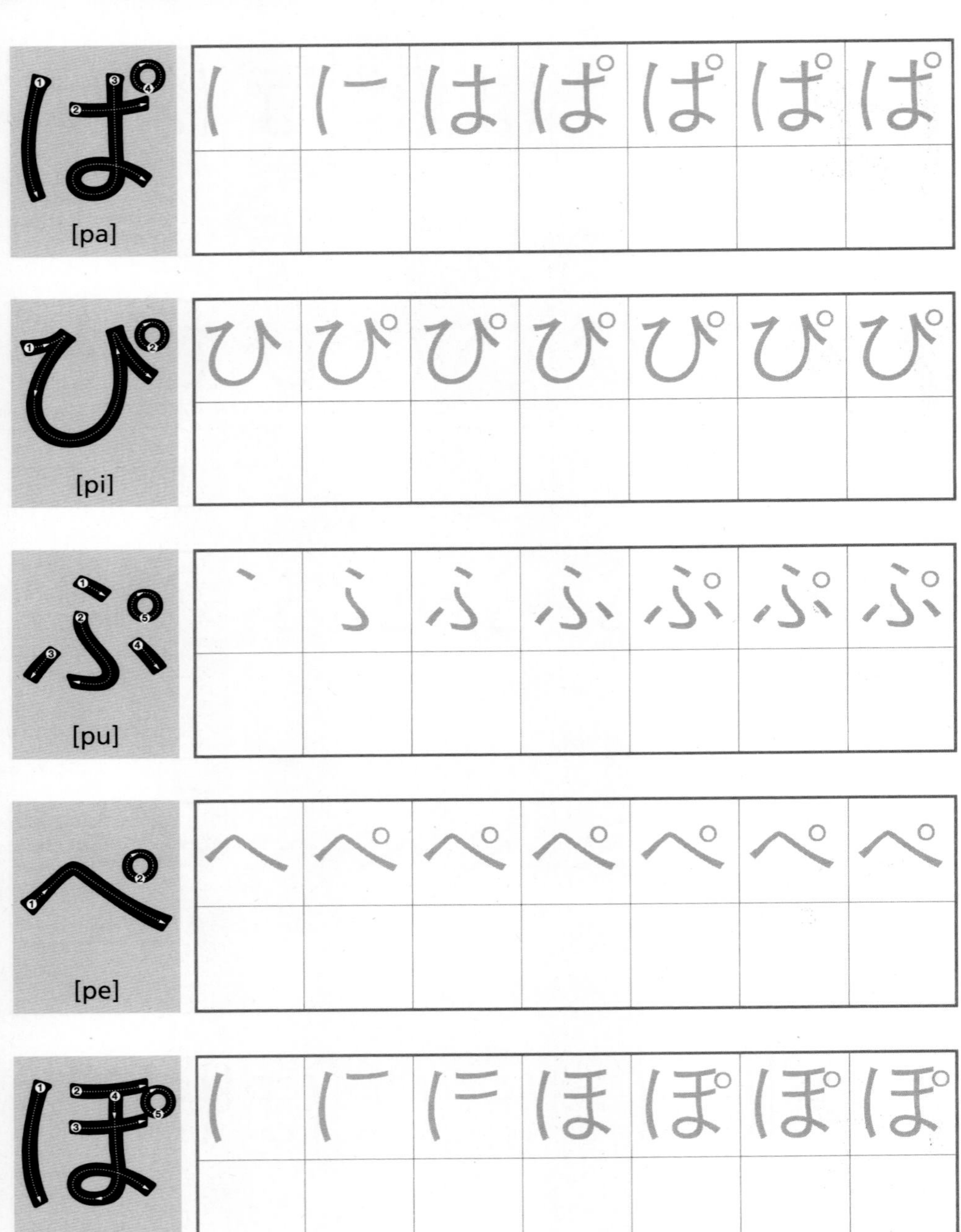

きゃ
[kya]
きゅ
[kyu]
きょ
[kyo]
ぎゃ
[gya]
ぎゅ
[gyu]
ぎょ
[gyo]

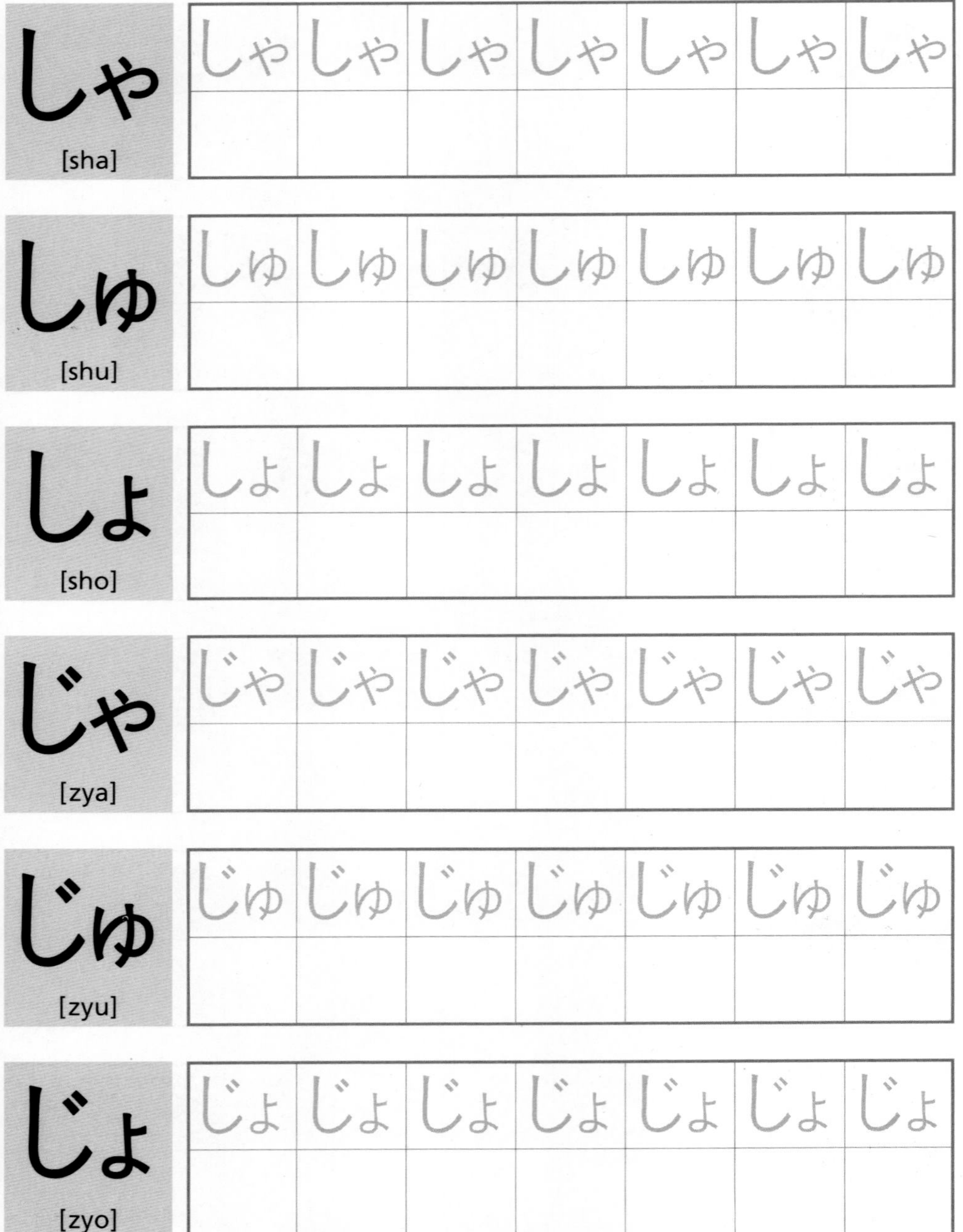
しゃ
[sha]
しゃ しゃ しゃ しゃ しゃ しゃ しゃ
しゅ
[shu]
しゅ しゅ しゅ しゅ しゅ しゅ しゅ
しょ
[sho]
しょ しょ しょ しょ しょ しょ しょ
じゃ
[zya]
じゃ じゃ じゃ じゃ じゃ じゃ じゃ
じゅ
[zyu]
じゅ じゅ じゅ じゅ じゅ じゅ じゅ
じょ
[zyo]
じょ じょ じょ じょ じょ じょ じょ

ちゃ
[cha]

ちゃ	ちゃ	ちゃ	ちゃ	ちゃ	ちゃ	ちゃ

ちゅ
[chu]

ちゅ	ちゅ	ちゅ	ちゅ	ちゅ	ちゅ	ちゅ

ちょ
[cho]

ちょ	ちょ	ちょ	ちょ	ちょ	ちょ	ちょ

にゃ
[nya]

にゃ	にゃ	にゃ	にゃ	にゃ	にゃ	にゃ

にゅ
[nyu]

にゅ	にゅ	にゅ	にゅ	にゅ	にゅ	にゅ

にょ
[nyo]

にょ	にょ	にょ	にょ	にょ	にょ	にょ

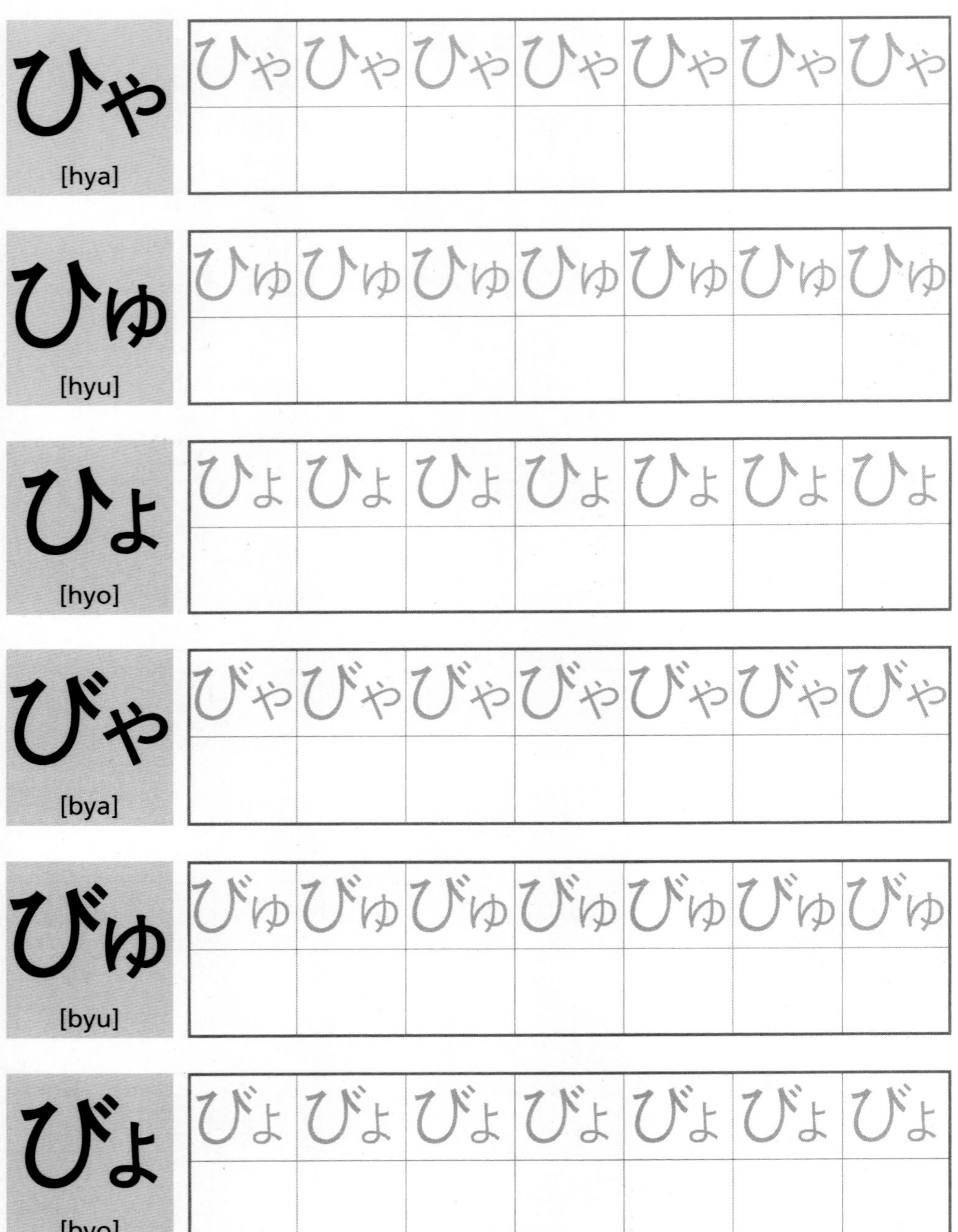
ひゃ
[hya]
ひゃ ひゃ ひゃ ひゃ ひゃ ひゃ ひゃ
ひゅ
[hyu]
ひゅ ひゅ ひゅ ひゅ ひゅ ひゅ ひゅ
ひょ
[hyo]
ひょ ひょ ひょ ひょ ひょ ひょ ひょ
びゃ
[bya]
びゃ びゃ びゃ びゃ びゃ びゃ びゃ
びゅ
[byu]
びゅ びゅ びゅ びゅ びゅ びゅ びゅ
びょ
[byo]
びょ びょ びょ びょ びょ びょ びょ

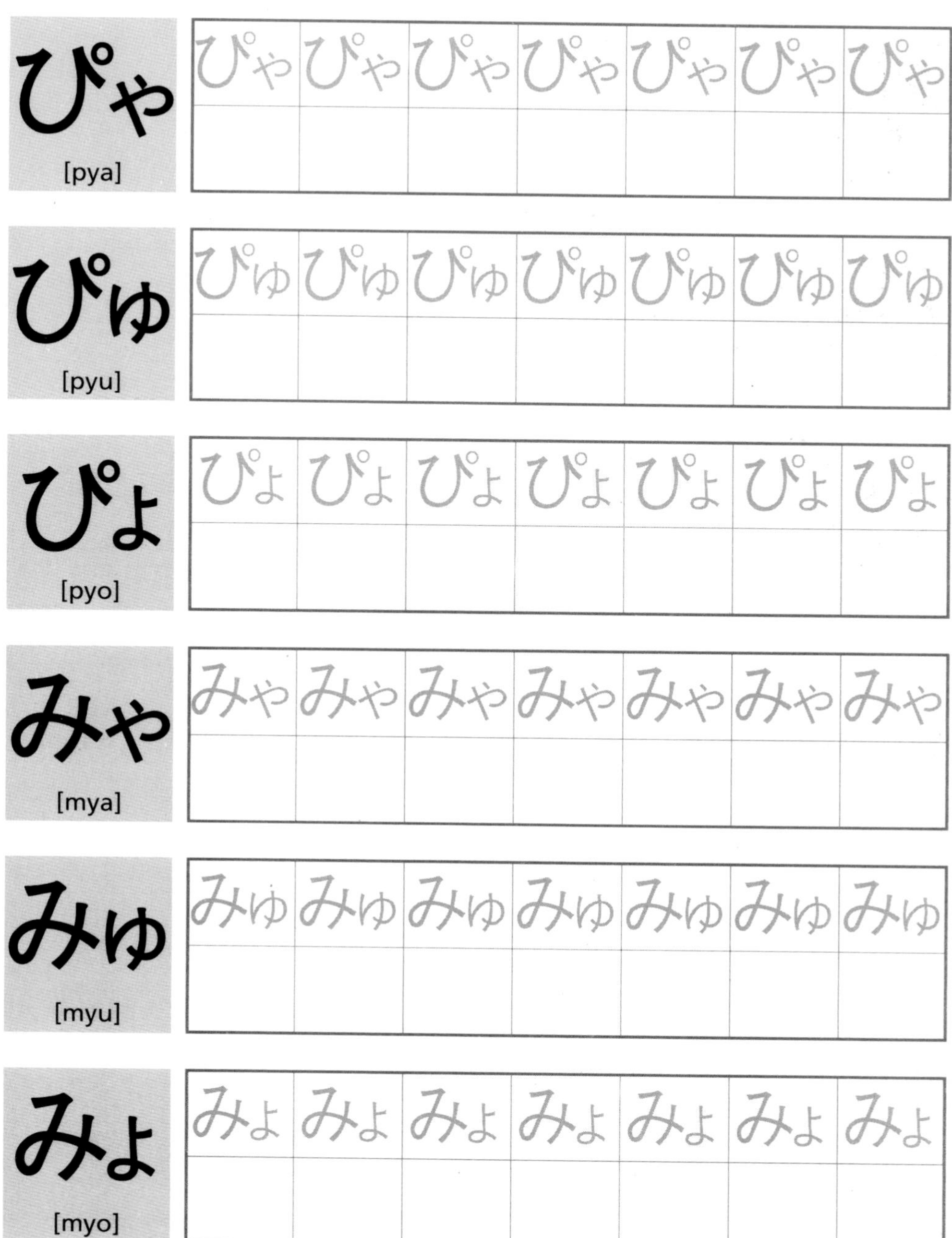
ぴゃ
[pya]
ぴゅ
[pyu]
ぴょ
[pyo]
みゃ
[mya]
みゅ
[myu]
みょ
[myo]

りゃ
[rya]

りゃ	りゃ	りゃ	りゃ	りゃ	りゃ	りゃ

りゅ
[ryu]

りゅ	りゅ	りゅ	りゅ	りゅ	りゅ	りゅ

りょ
[ryo]

りょ	りょ	りょ	りょ	りょ	りょ	りょ

가타카나

カタカナ

청음

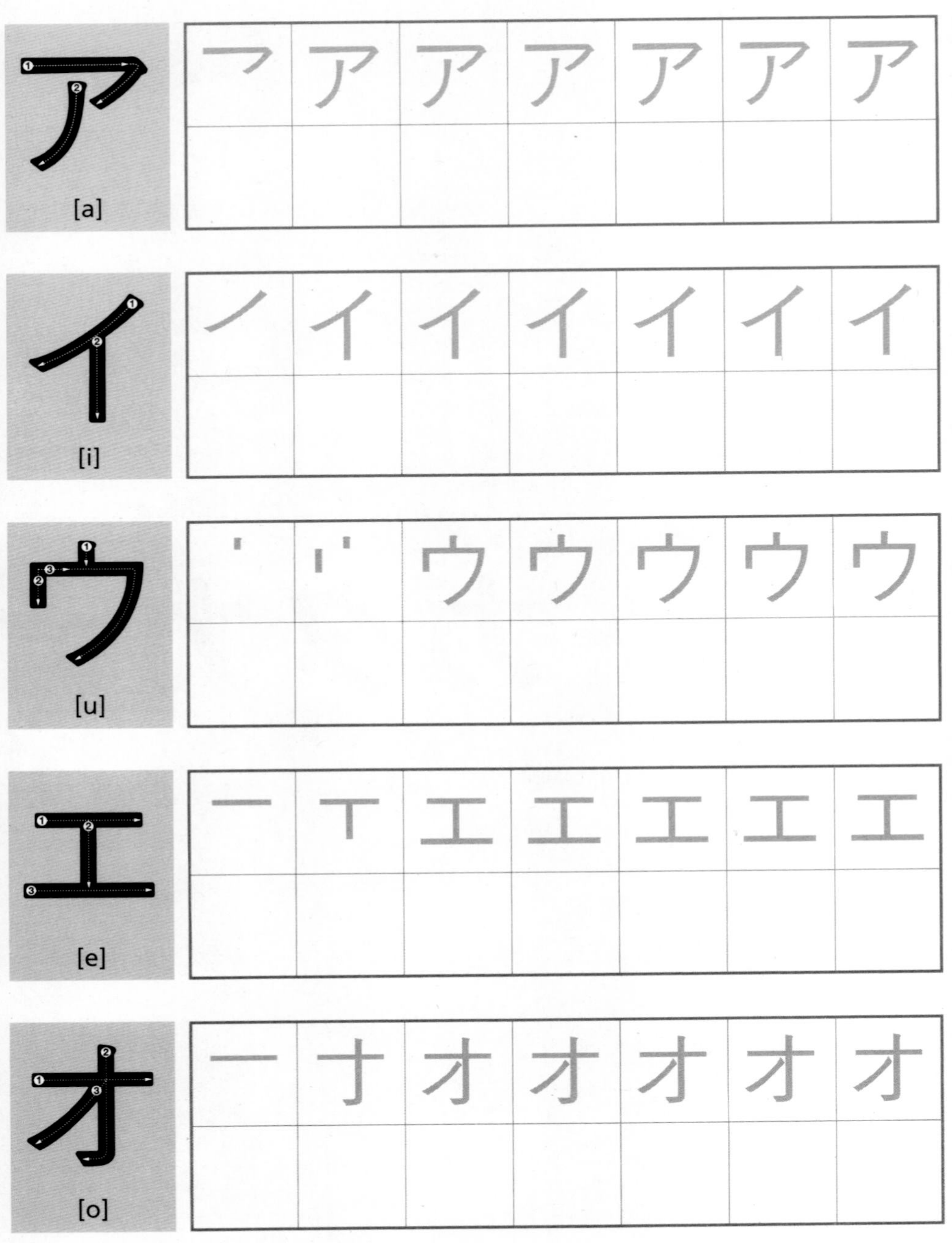

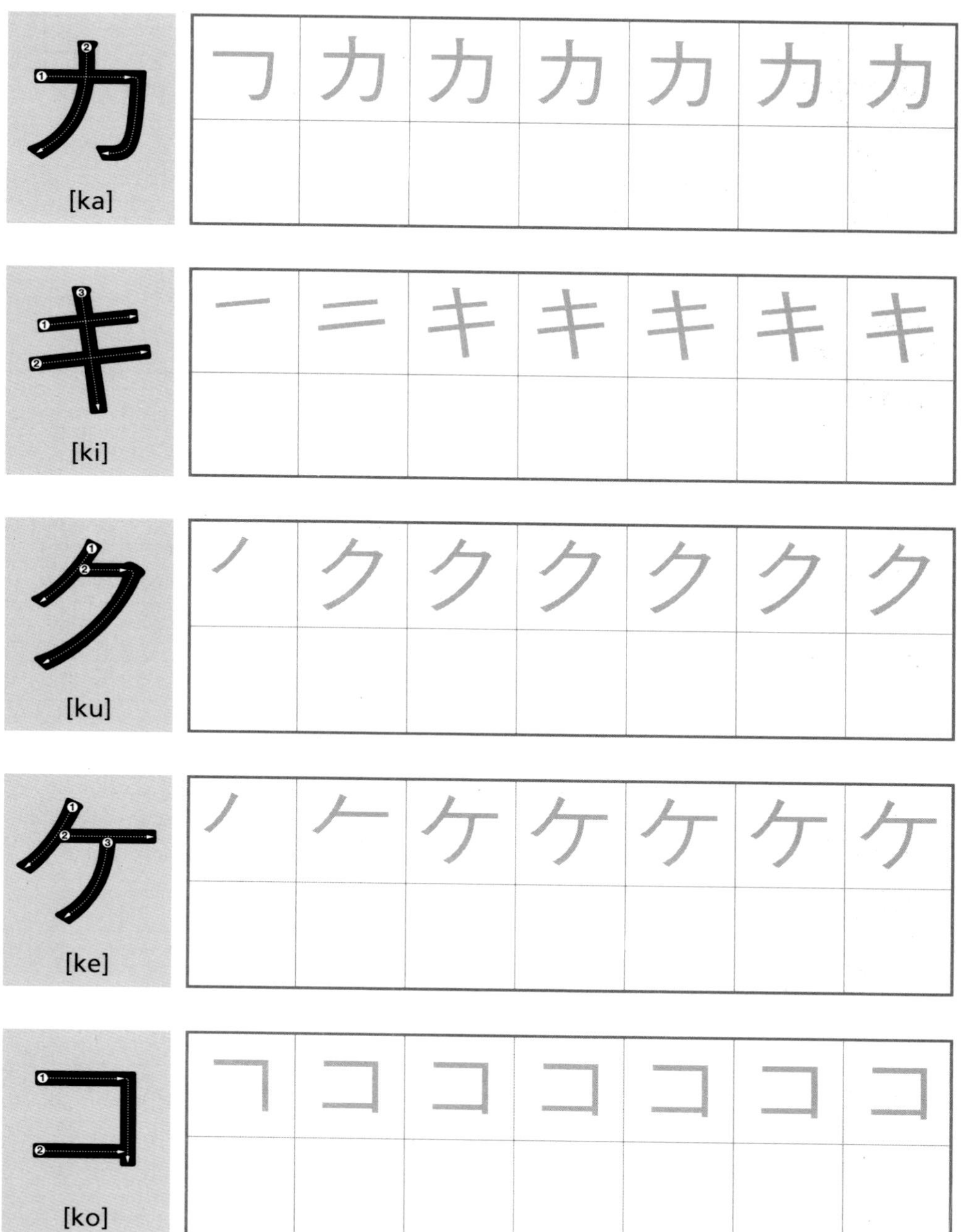
カ
[ka]
キ
[ki]
ク
[ku]
ケ
[ke]
コ
[ko]

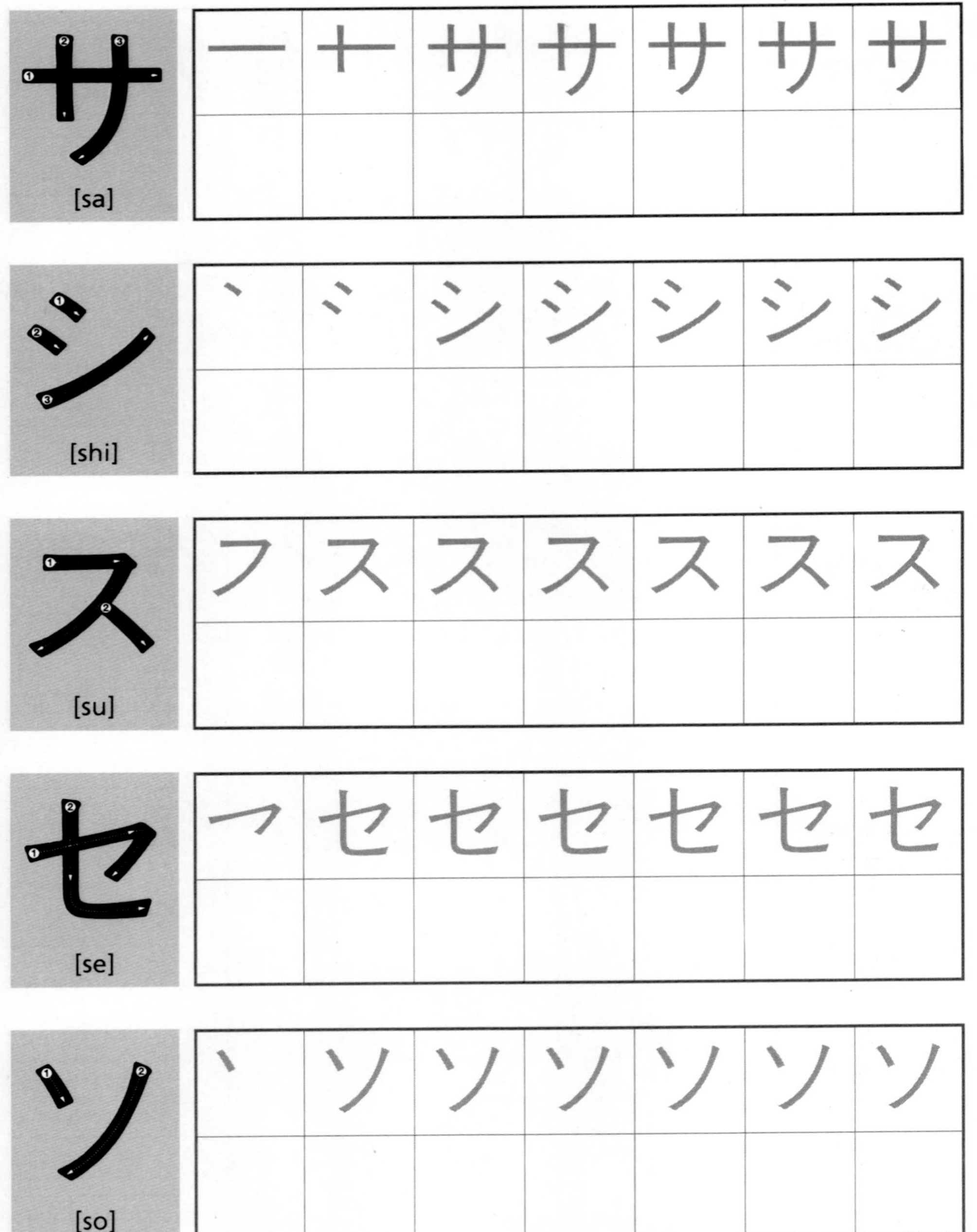
サ
[sa]
一 十 サ サ サ サ サ
シ
[shi]
シ シ シ シ シ
ス
[su]
フ ス ス ス ス ス ス
セ
[se]
セ セ セ セ セ セ
ソ
[so]
ソ ソ ソ ソ ソ ソ

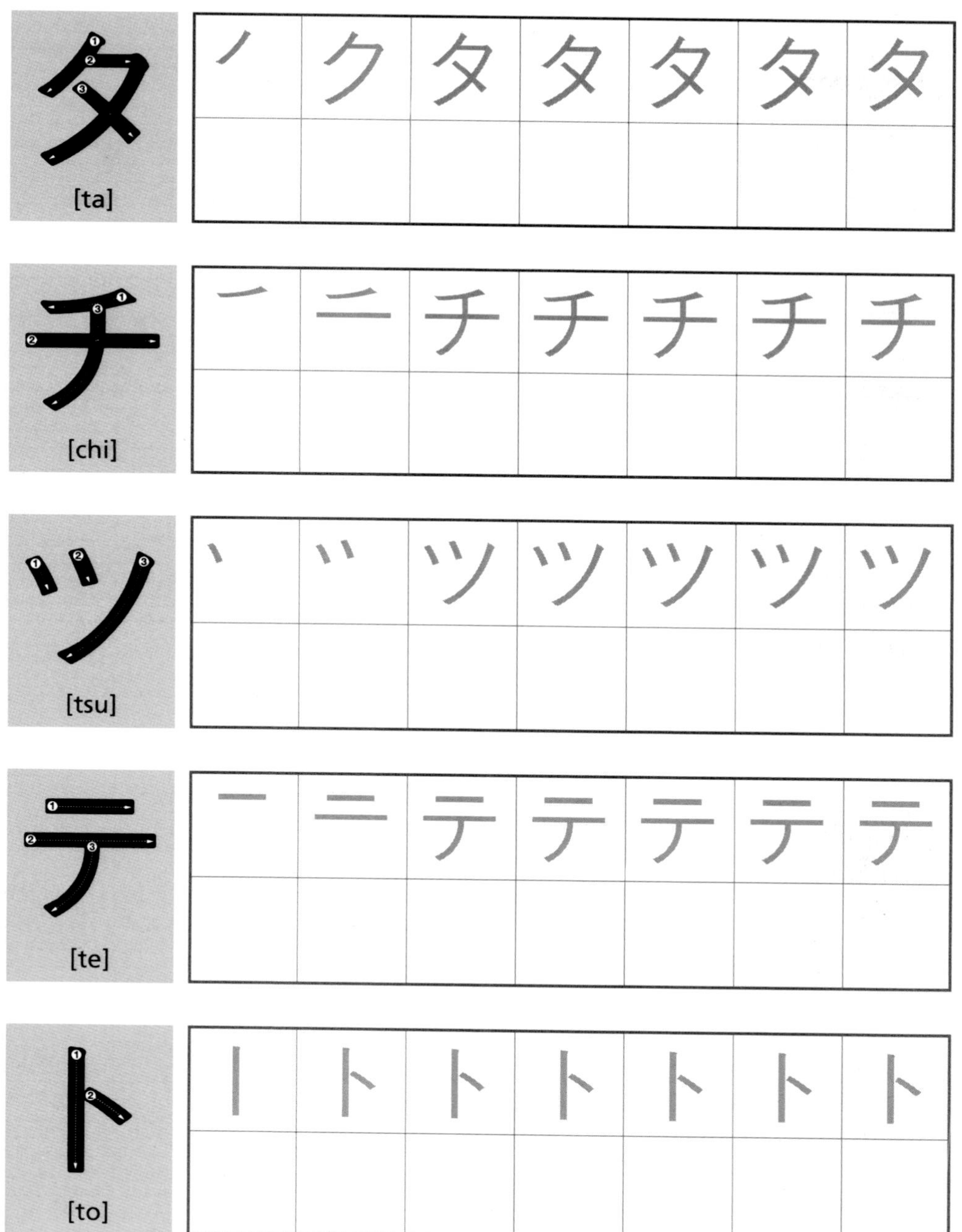
タ
[ta]
チ
[chi]
ツ
[tsu]
テ
[te]
ト
[to]

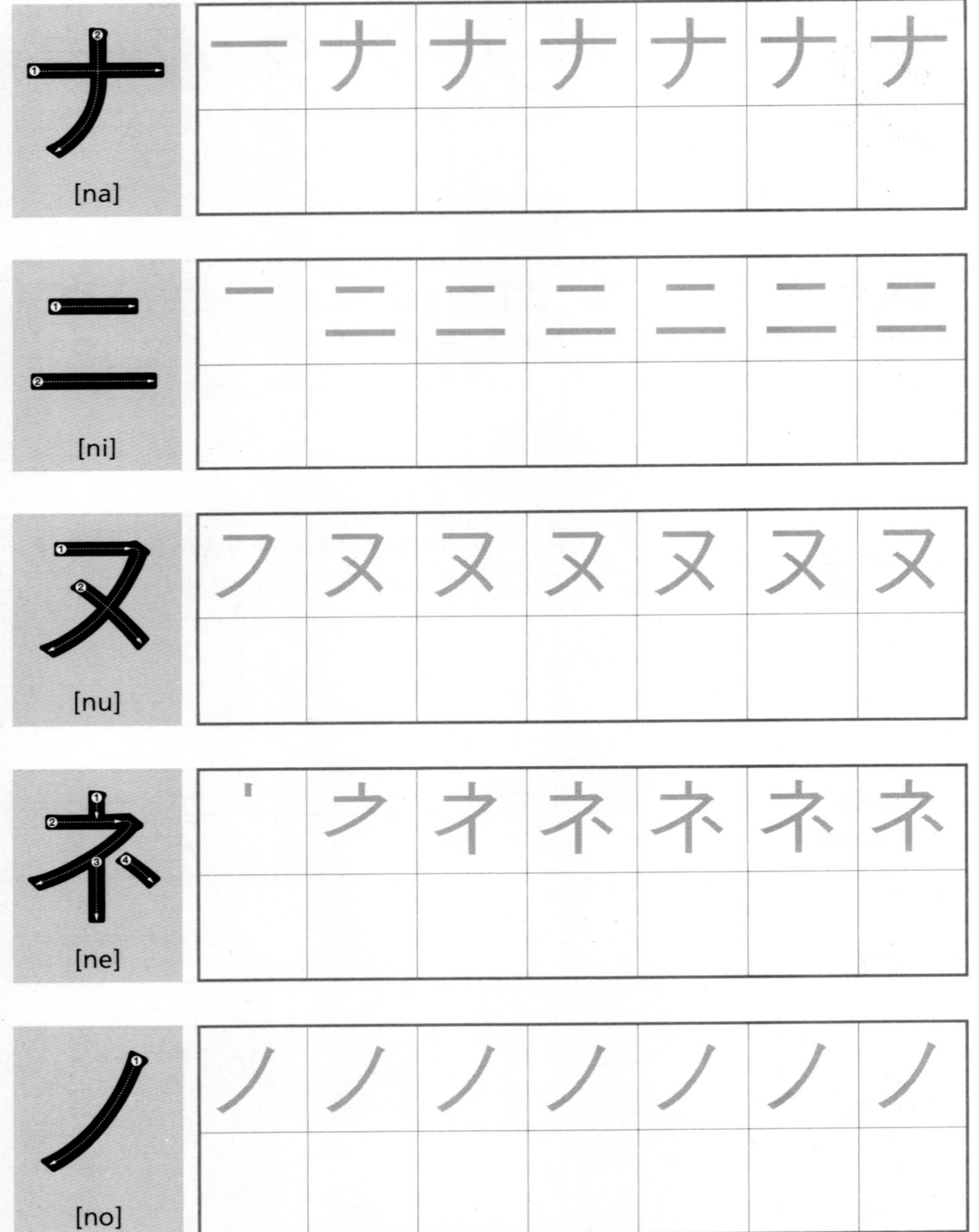
ナ
[na]
ニ
[ni]
ヌ
[nu]
ネ
[ne]
ノ
[no]

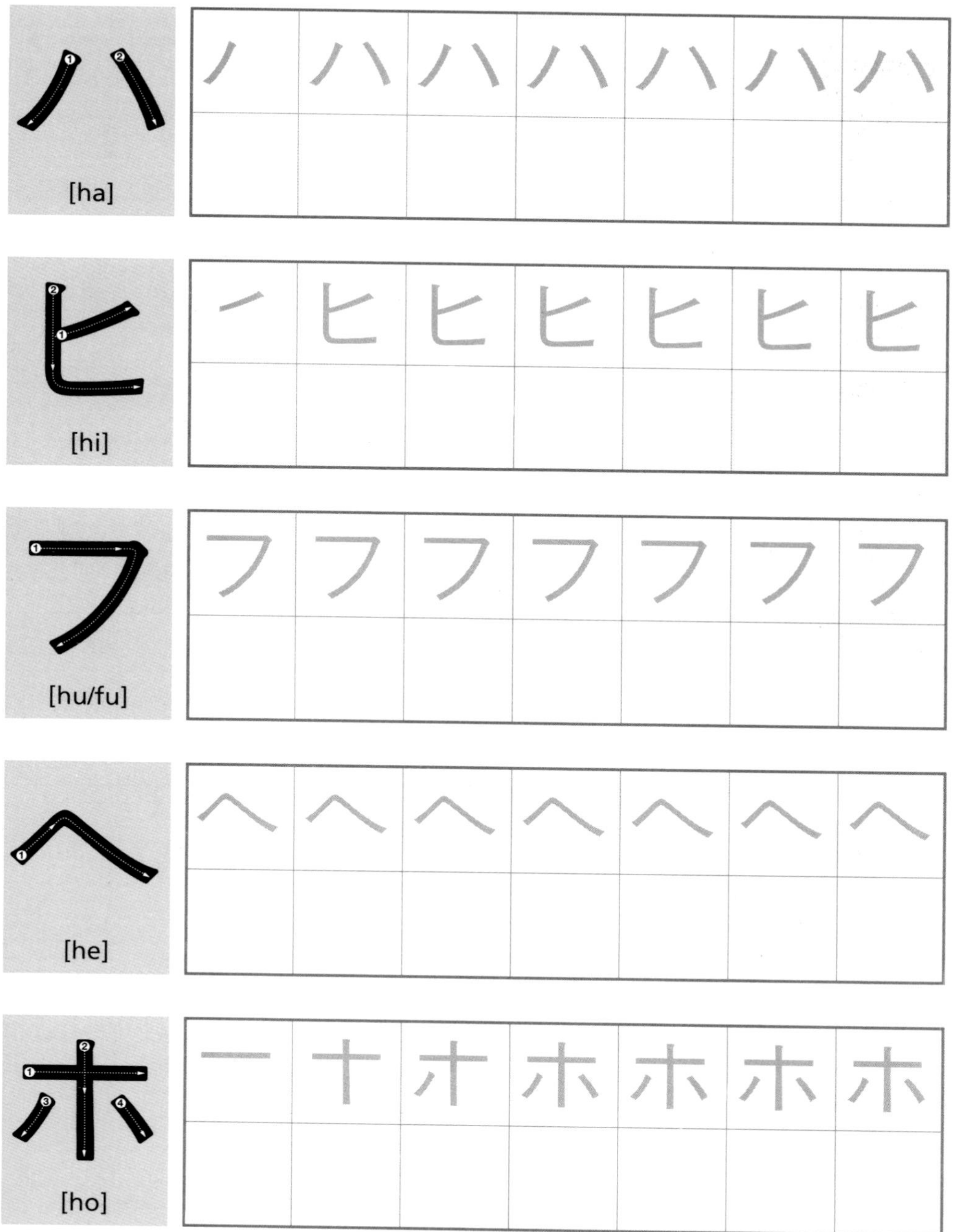
ハ
[ha]
ヒ
[hi]
フ
[hu/fu]
ヘ
[he]
ホ
[ho]

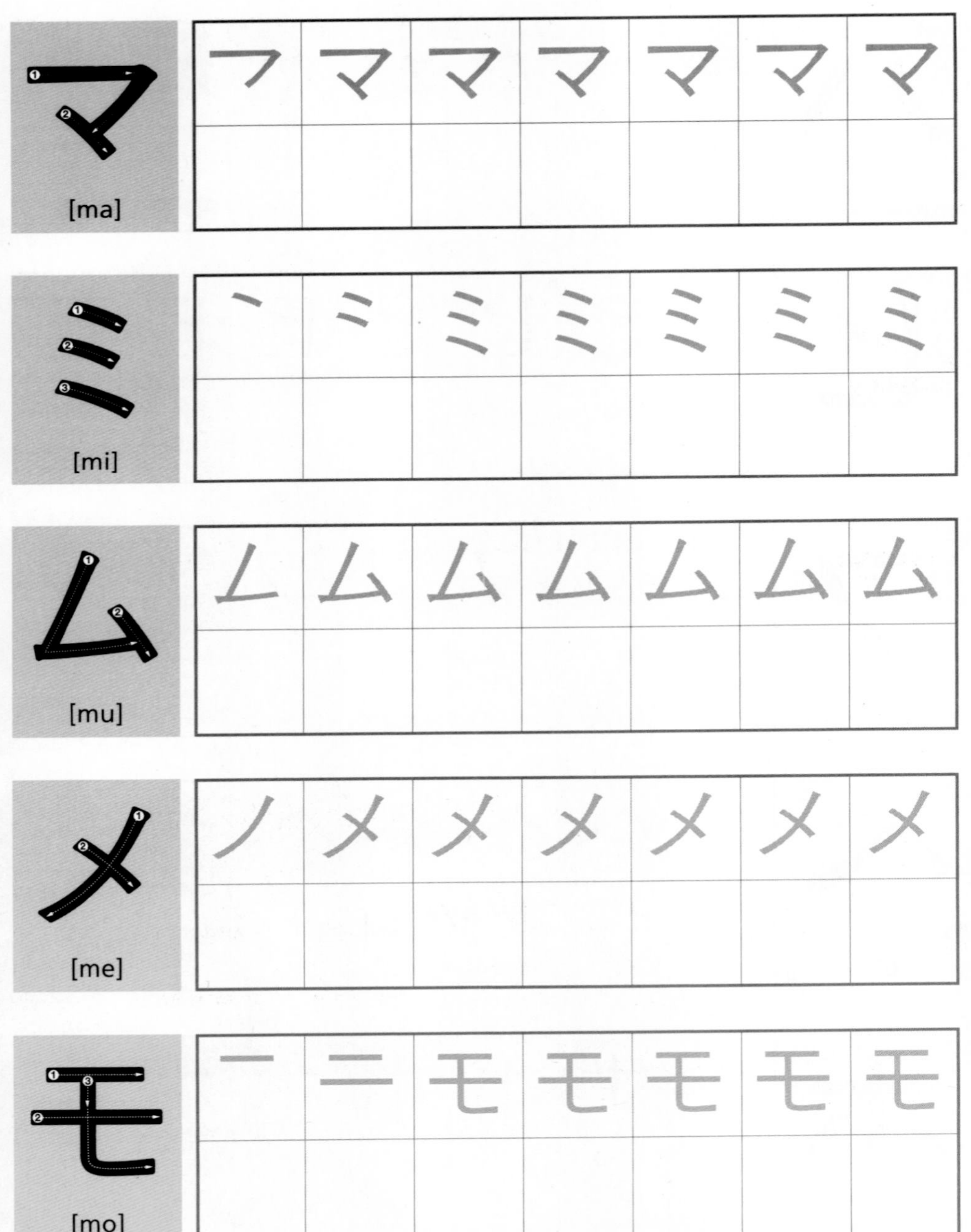
マ
[ma]
ミ
[mi]
ム
[mu]
メ
[me]
モ
[mo]

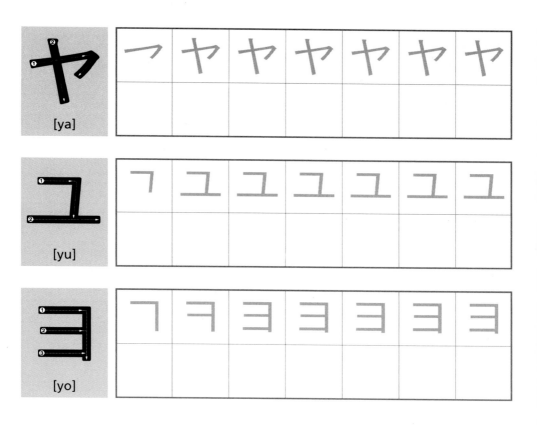

ヤ
[ya]

ヤ	ヤ	ヤ	ヤ	ヤ	ヤ	ヤ

ユ
[yu]

ユ	ユ	ユ	ユ	ユ	ユ	ユ

ヨ
[yo]

ヨ	ヨ	ヨ	ヨ	ヨ	ヨ	ヨ

혼동하기 쉬운 글자 3

*다음 글자들은 모양이 비슷해서 혼동하기 쉬우므로 잘 익혀 두자.

ク	タ
[ku]	[ta]

コ	ユ
[ko]	[yu]

シ	ツ
[shi]	[tsu]

ス	ヌ
[su]	[nu]

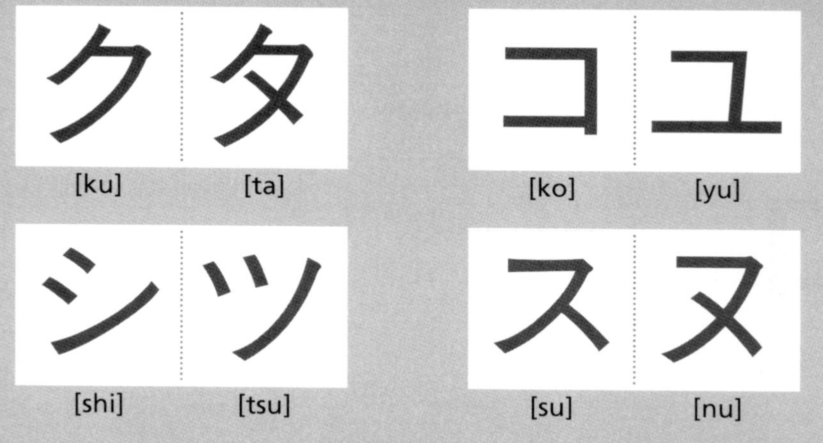

ラ [ra]

ー	ラ	ラ	ラ	ラ	ラ	ラ

リ [ri]

｜	リ	リ	リ	リ	リ	リ

ル [ru]

ノ	ル	ル	ル	ル	ル	ル

レ [re]

レ	レ	レ	レ	レ	レ	レ

ロ [ro]

｜	ㄇ	ロ	ロ	ロ	ロ	ロ

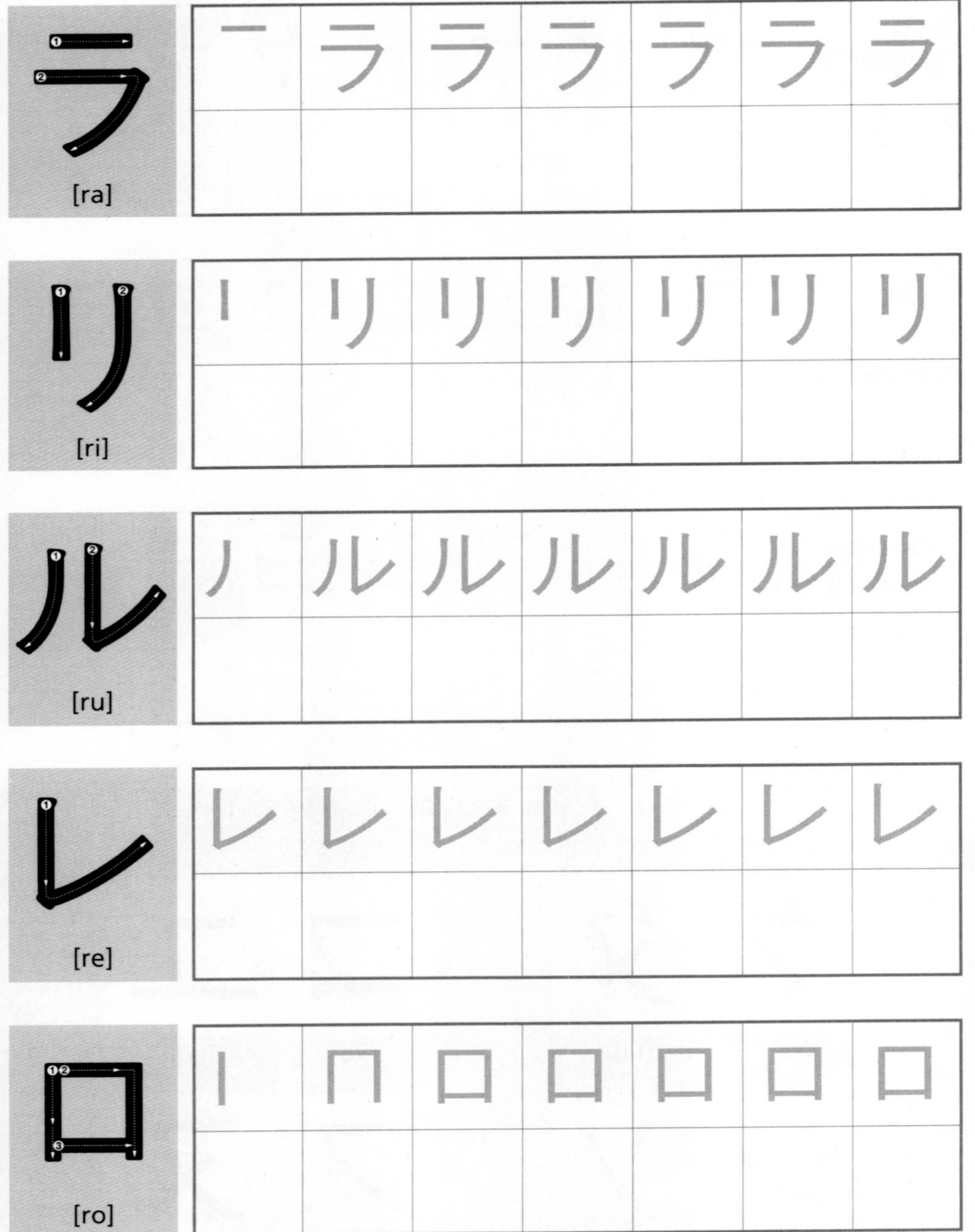

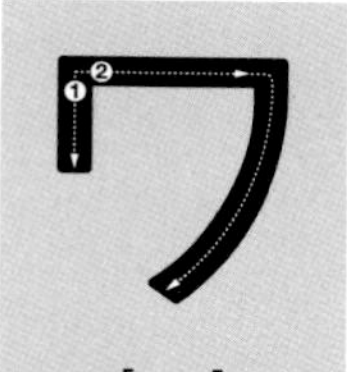

ワ [wa]

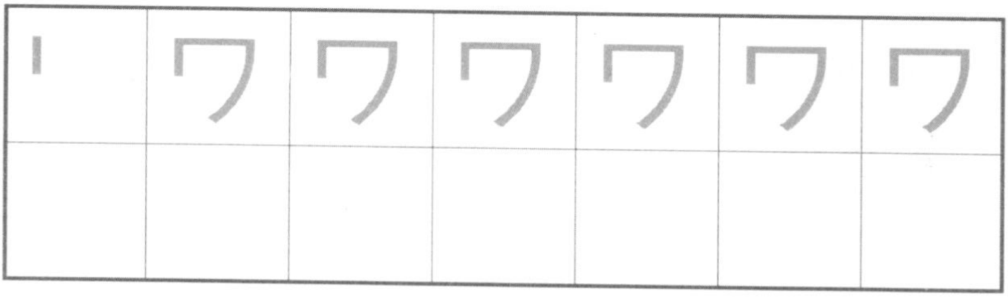

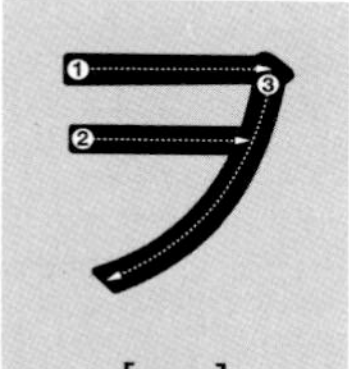

ヲ [wo]

ン [n]

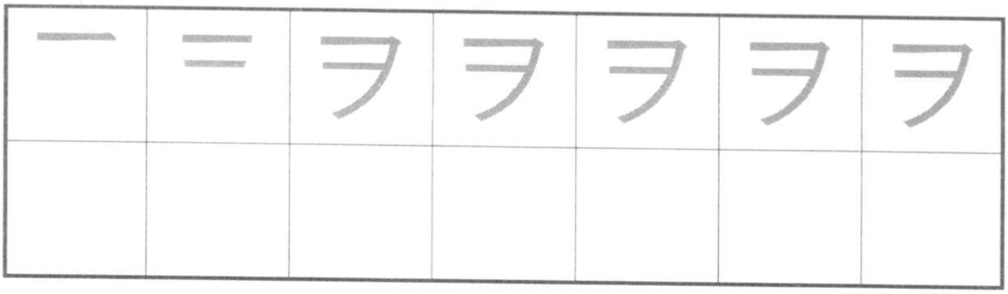

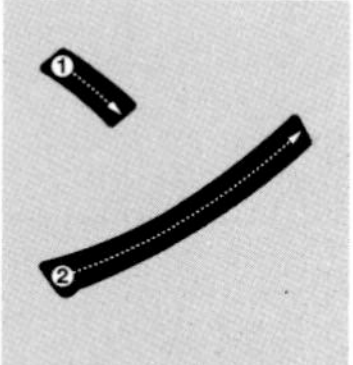

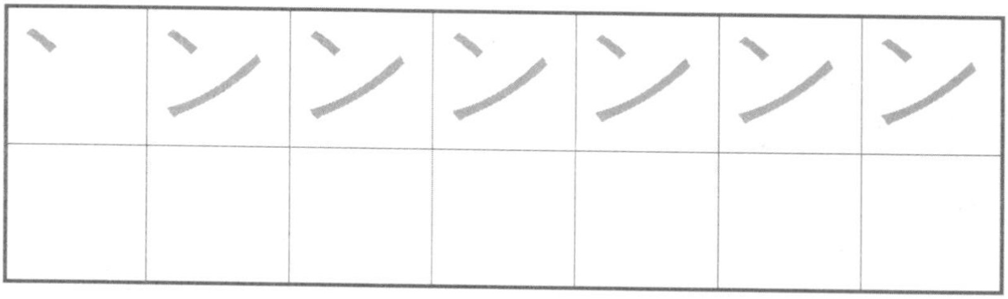

혼동하기 쉬운 글자 4

*다음 글자들은 모양이 비슷해서 혼동하기 쉬우므로 잘 익혀 두자.

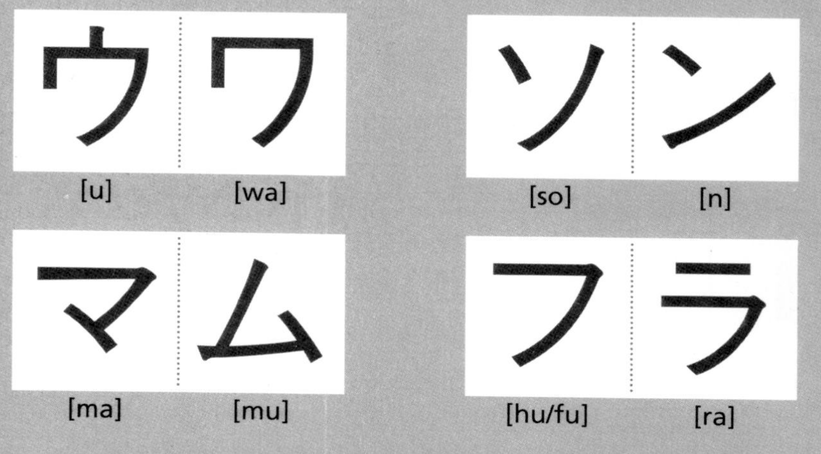

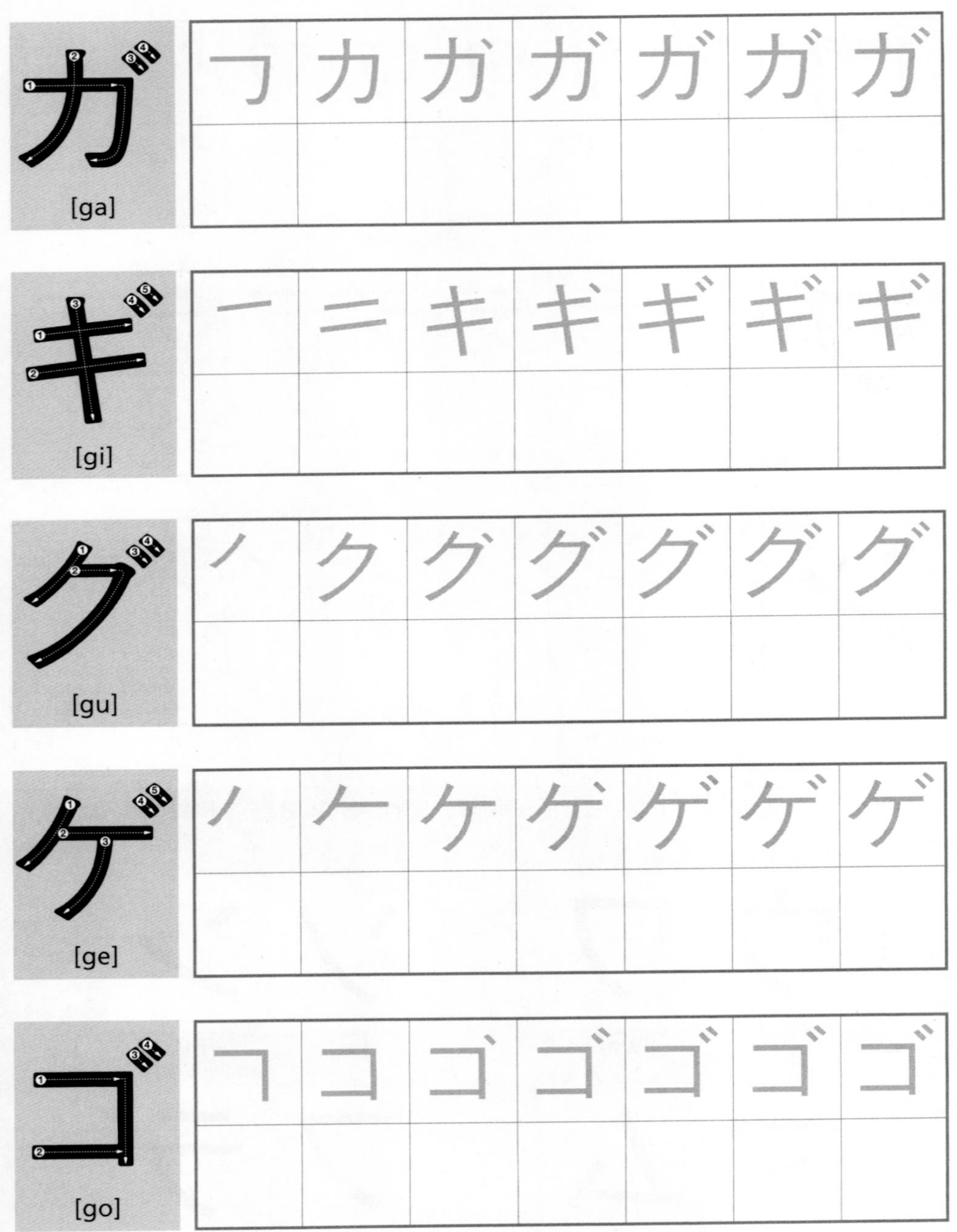
ガ
[ga]
ギ
[gi]
グ
[gu]
ゲ
[ge]
ゴ
[go]

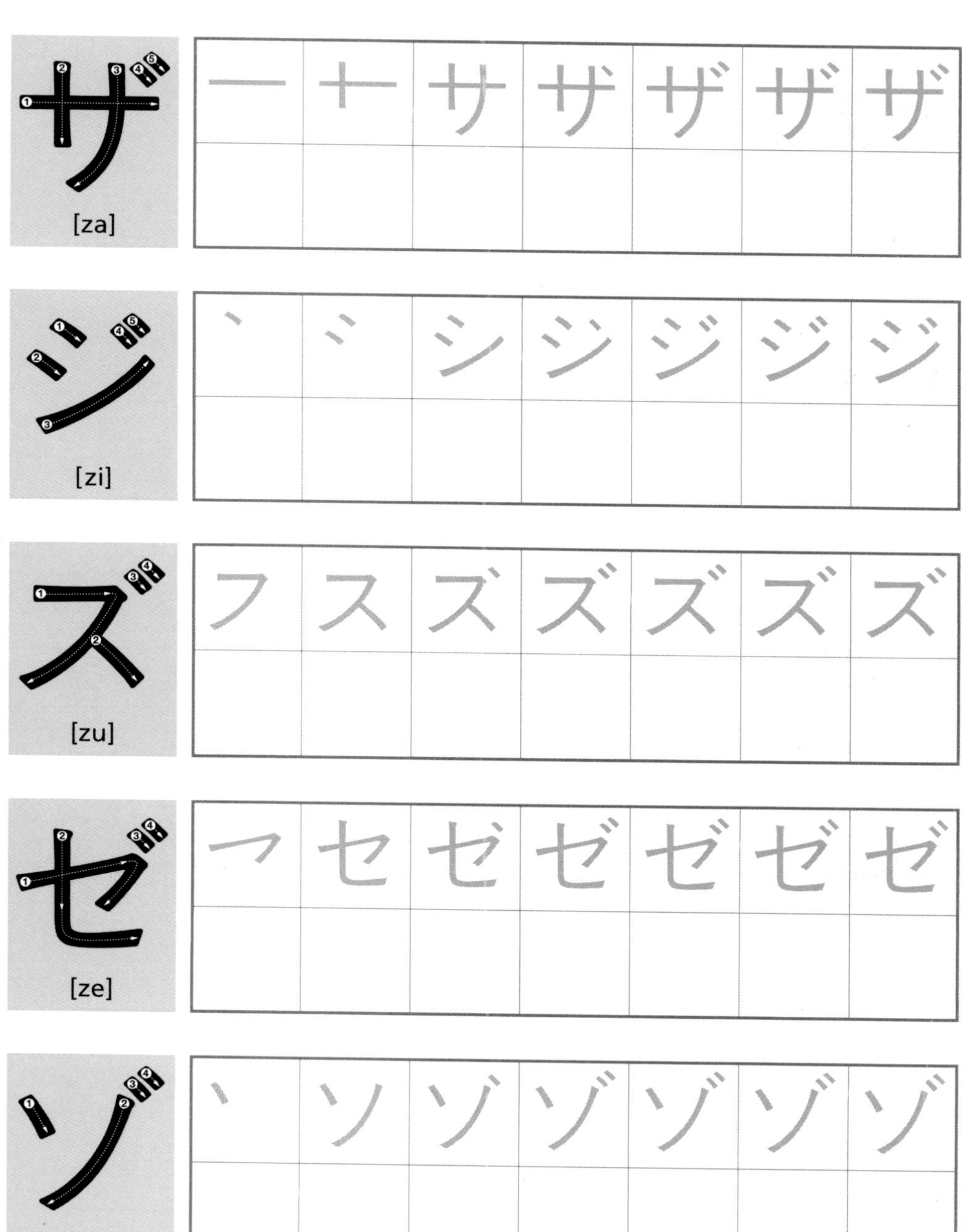
ザ
[za]
ジ
[zi]
ズ
[zu]
ゼ
[ze]
ゾ
[zo]

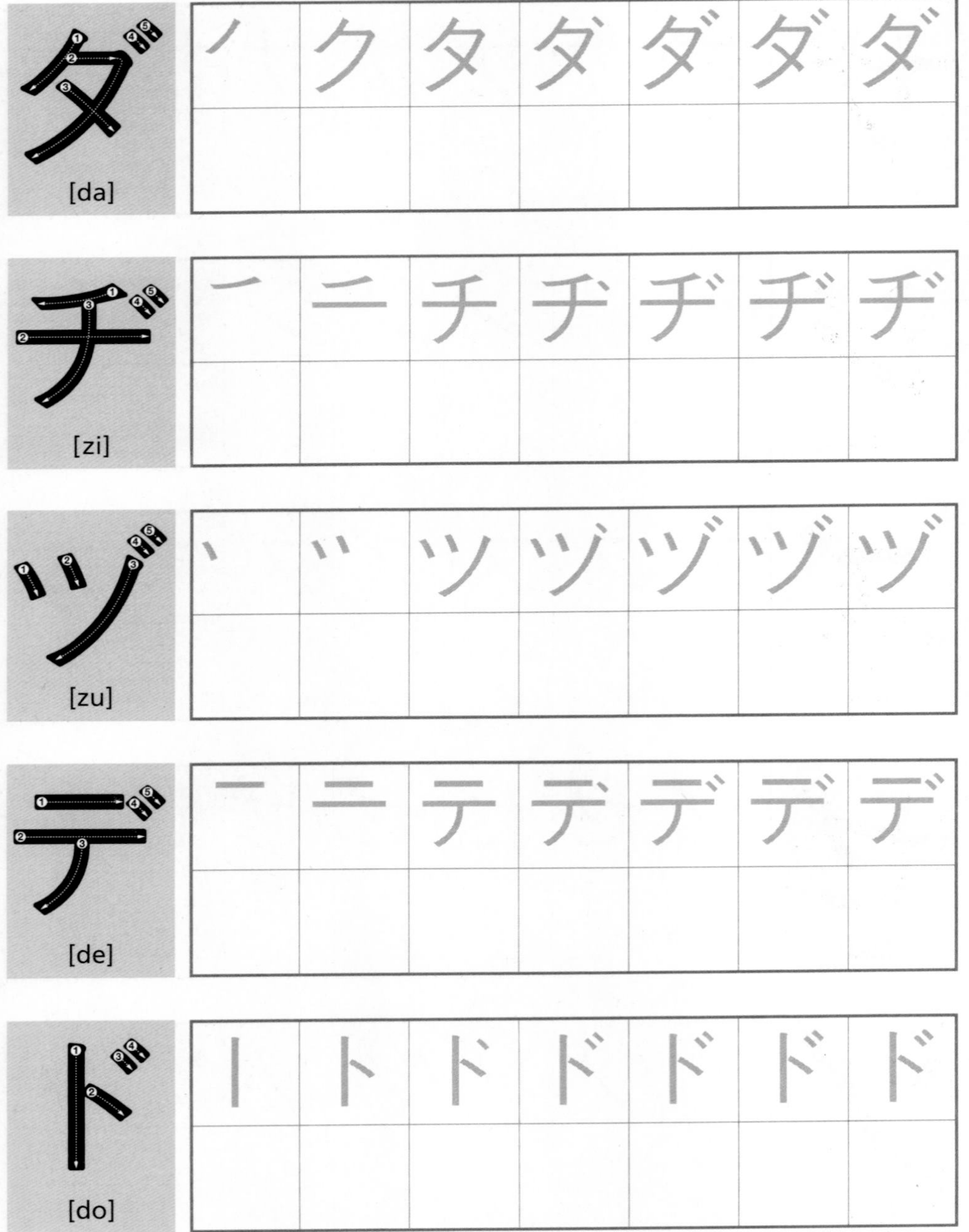
ダ
[da]
ノ クタダダダダ
ヂ
[zi]
一 ニチヂヂヂヂ
ヅ
[zu]
丶 ヽヽツヅヅヅヅ
デ
[de]
一 ニテデデデデ
ド
[do]
丨 トドドドドド

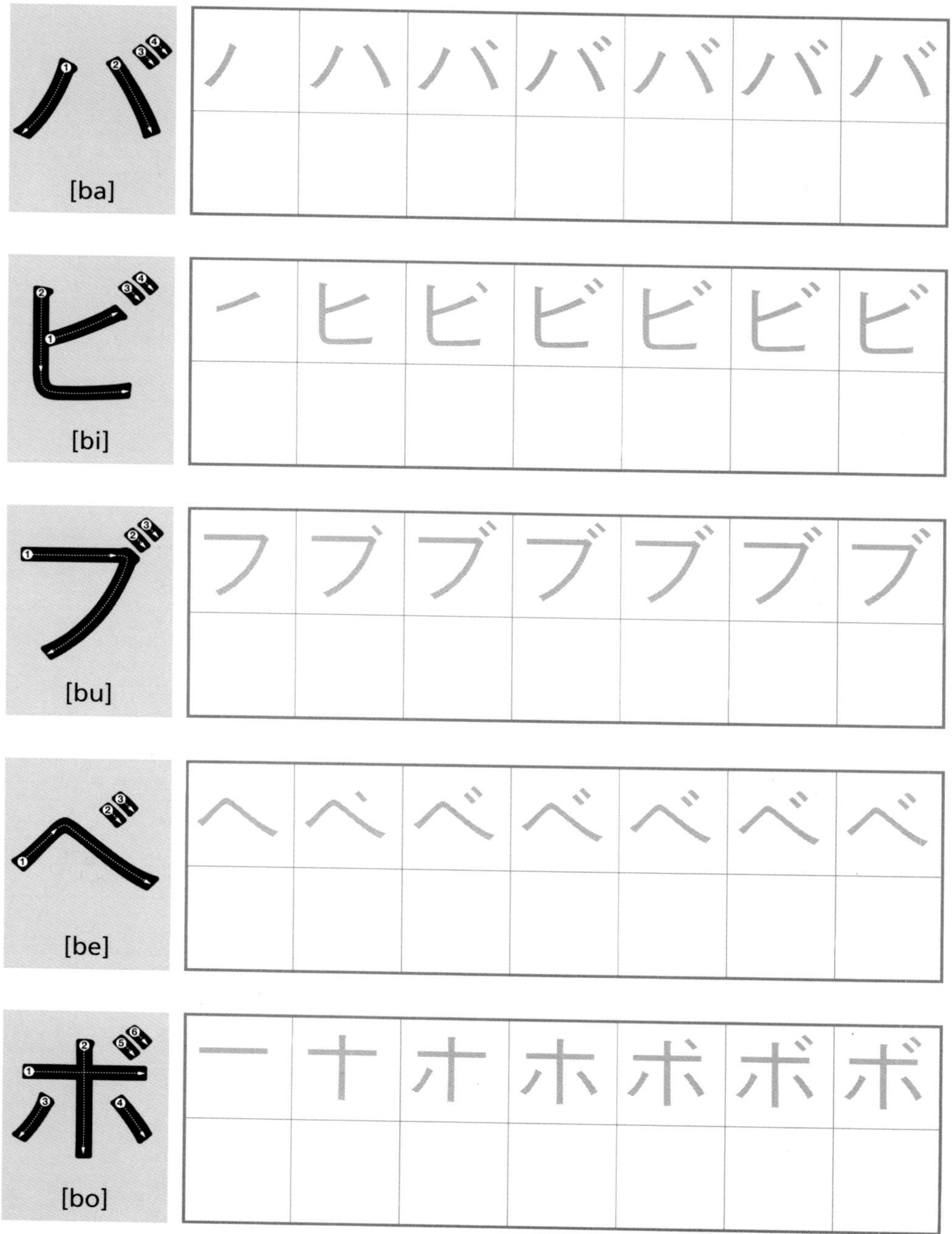
バ
[ba]
ビ
[bi]
ブ
[bu]
ベ
[be]
ボ
[bo]

반탁음

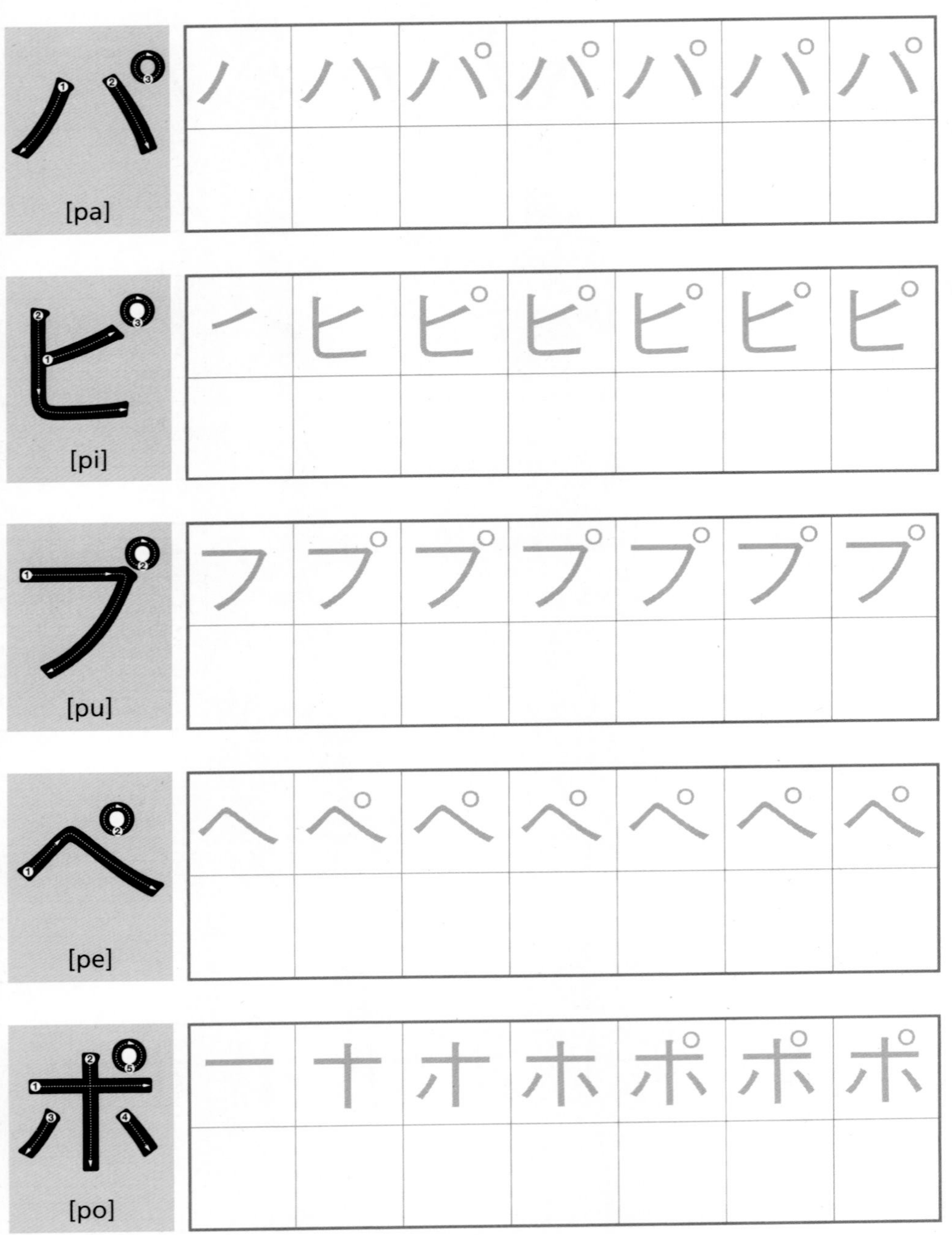
パ
[pa]
ノ
ハ
パ
パ
パ
パ
パ
ピ
[pi]
一
ヒ
ピ
ピ
ピ
ピ
ピ
プ
[pu]
フ
プ
プ
プ
プ
プ
プ
ペ
[pe]
ヘ
ペ
ペ
ペ
ペ
ペ
ペ
ポ
[po]
一
十
才
ホ
ポ
ポ
ポ

요음

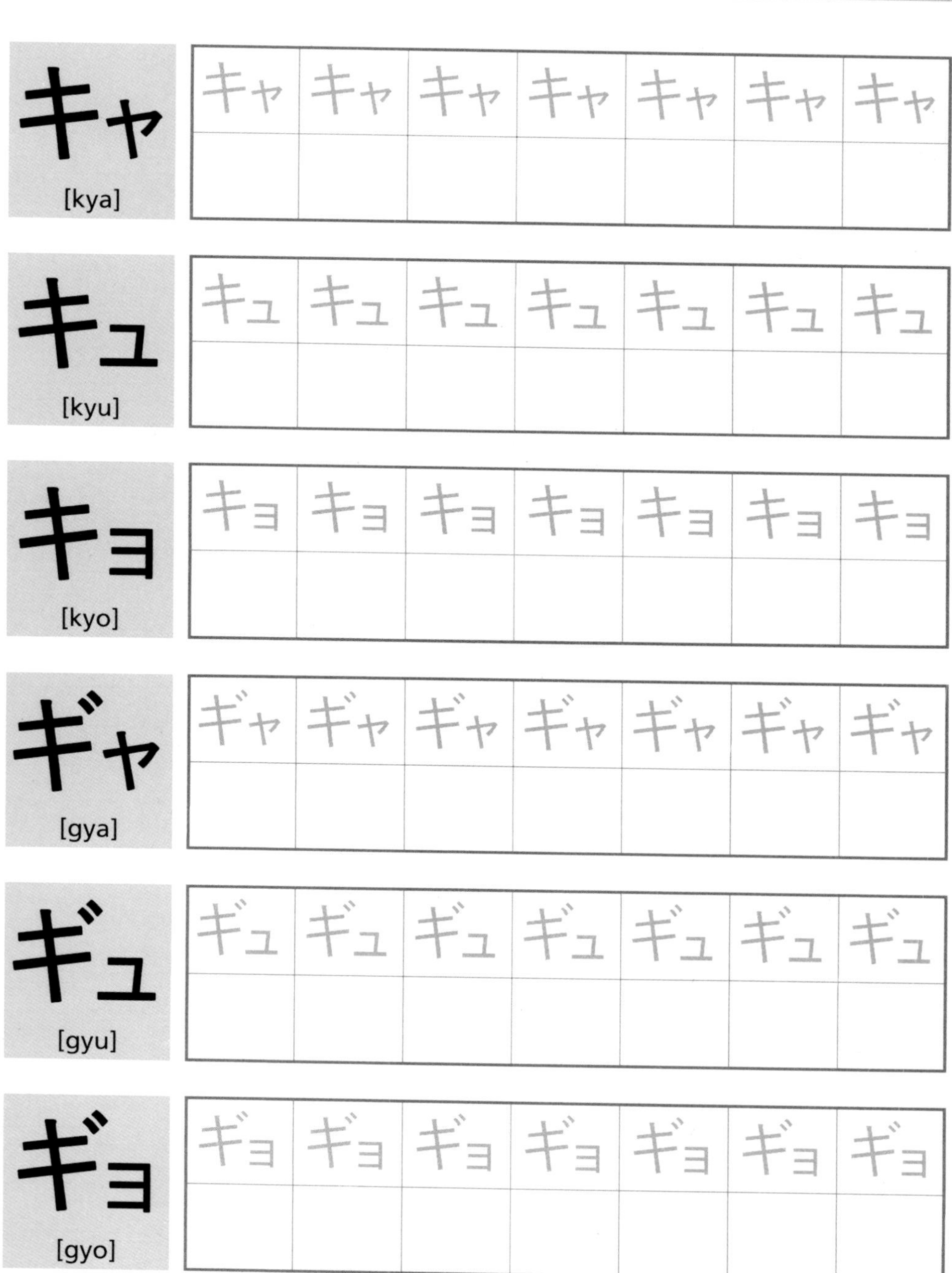

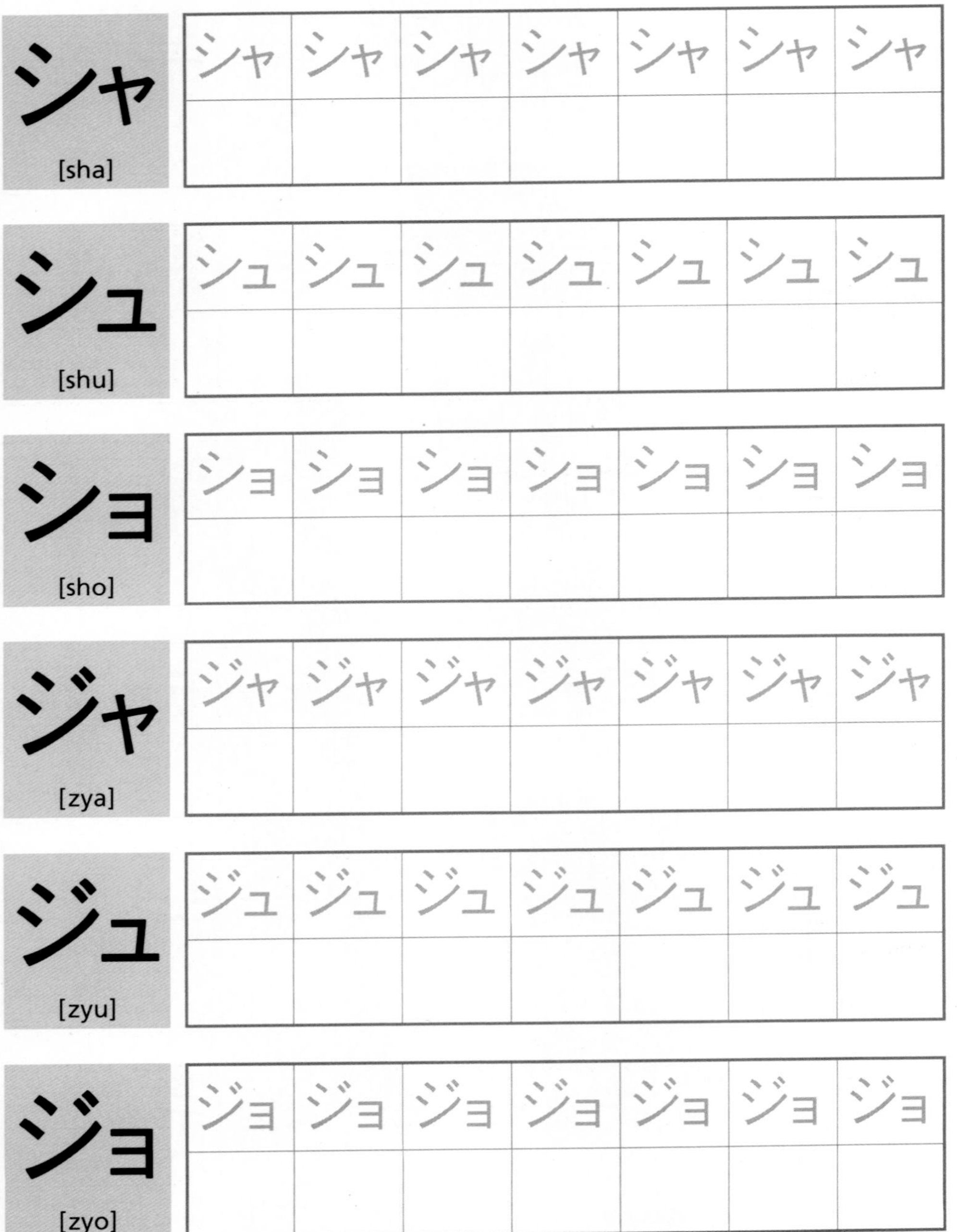
シャ
[sha]
シュ
[shu]
ショ
[sho]
ジャ
[zya]
ジュ
[zyu]
ジョ
[zyo]

チャ
[cha]

チャ	チャ	チャ	チャ	チャ	チャ	チャ

チュ
[chu]

チュ	チュ	チュ	チュ	チュ	チュ	チュ

チョ
[cho]

チョ	チョ	チョ	チョ	チョ	チョ	チョ

ニャ
[nya]

ニャ	ニャ	ニャ	ニャ	ニャ	ニャ	ニャ

ニュ
[nyu]

ニュ	ニュ	ニュ	ニュ	ニュ	ニュ	ニュ

ニョ
[nyo]

ニョ	ニョ	ニョ	ニョ	ニョ	ニョ	ニョ

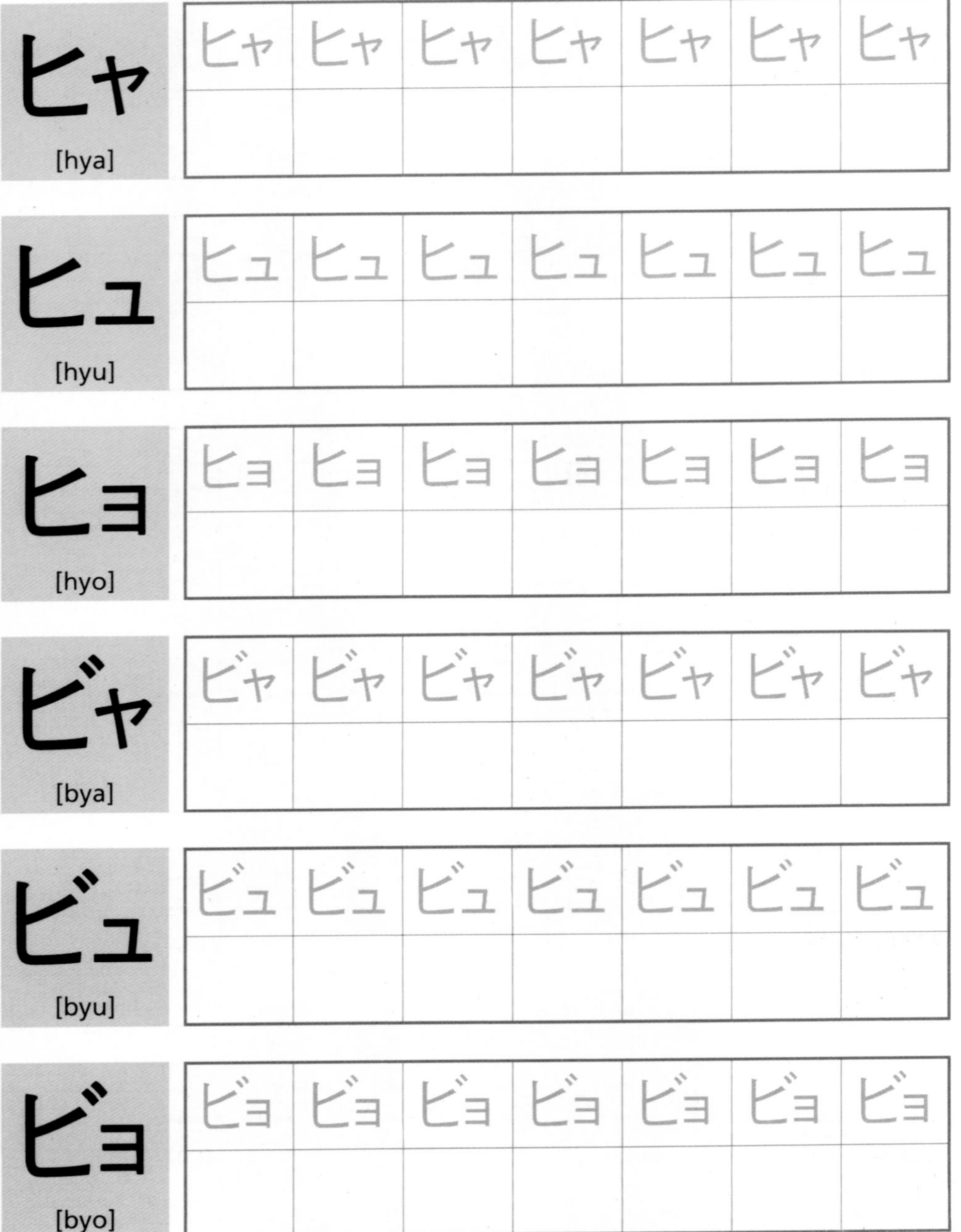
ヒャ
[hya]
ヒャ ヒャ ヒャ ヒャ ヒャ ヒャ ヒャ
ヒュ
[hyu]
ヒュ ヒュ ヒュ ヒュ ヒュ ヒュ ヒュ
ヒョ
[hyo]
ヒョ ヒョ ヒョ ヒョ ヒョ ヒョ ヒョ
ビャ
[bya]
ビャ ビャ ビャ ビャ ビャ ビャ ビャ
ビュ
[byu]
ビュ ビュ ビュ ビュ ビュ ビュ ビュ
ビョ
[byo]
ビョ ビョ ビョ ビョ ビョ ビョ ビョ

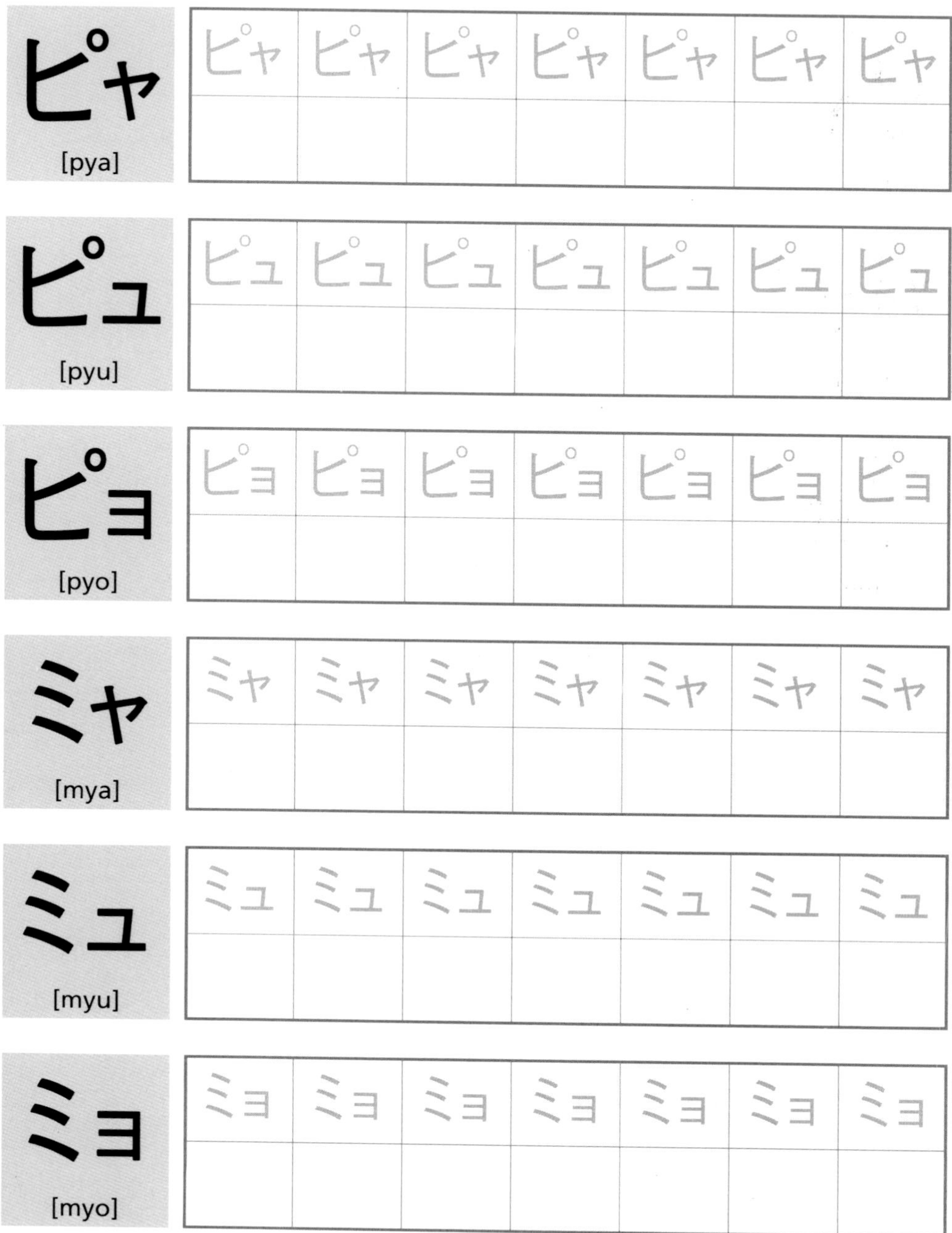
ピャ
[pya]
ピュ
[pyu]
ピョ
[pyo]
ミャ
[mya]
ミュ
[myu]
ミョ
[myo]

リャ
[rya]

リャ	リャ	リャ	リャ	リャ	リャ	リャ

リュ
[ryu]

リュ	リュ	リュ	リュ	リュ	リュ	リュ

リョ
[ryo]

リョ	リョ	リョ	リョ	リョ	リョ	リョ